概率统计导学教程

大连交通大学基础部理学院数学教研中心 编

北京理工大学出版社
BEIJING INSTITUTE OF TECHNOLOGY PRESS

内 容 简 介

本书依据高等院校概率统计课程的基本教学要求，并结合编者多年的教学经验整理而成．本书共八章，主要介绍概率论与数理统计的基本概念、基本理论和方法，内容包括概率论的基本概念、随机变量及其分布、多维随机变量及其分布、随机变量的数字特征、大数定律与中心极限定理、数理统计的基本概念、参数估计、假设检验．书中对每章知识点进行了概括性总结，并配有同步习题．

本书可作为高等院校工科、理科（非数学专业），以及经济管理各专业概率统计课程的参考用书．

版权专有　侵权必究

图书在版编目（CIP）数据

概率统计导学教程／大连交通大学基础部理学院数学教研中心编. -- 北京：北京理工大学出版社，2025.7.
ISBN 978-7-5763-5688-5

Ⅰ．O211

中国国家版本馆 CIP 数据核字第 20256U3Y54 号

责任编辑：江　立　　文案编辑：李　硕
责任校对：刘亚男　　责任印制：李志强

出版发行／北京理工大学出版社有限责任公司
社　　址／北京市丰台区四合庄路 6 号
邮　　编／100070
电　　话／（010）68914026（教材售后服务热线）
　　　　　（010）63726648（课件资源服务热线）
网　　址／http：//www.bitpress.com.cn

版 印 次／2025 年 7 月第 1 版第 1 次印刷
印　　刷／三河市天利华印刷装订有限公司
开　　本／787 mm×1092 mm　1/16
印　　张／6.5
字　　数／153 千字
定　　价／66.00 元

图书出现印装质量问题，请拨打售后服务热线，负责调换

前　言

概率统计是高等院校理工类、管理类专业的一门重要的基础课程，其内容丰富，理论深刻，且实际应用广泛．为帮助读者学好概率统计课程，编者编写了这本学习辅导书．

本书共分为八章，每章包括下列三个部分：

(1) 教学基本要求：突出教学重点，引导学习方向．

(2) 知识要点：简明扼要地总结了学习过程中必须掌握的基本概念、性质、定理和常用结论，有利于掌握各章的基本内容．

(3) 训练与提高：通过适当的练习来巩固所学知识，培养运用概率统计知识分析问题和解决问题的能力．有的章节训练与提高中的练习题分 A、B 组，A 组题目为基础题，B 组题目较难．此外，编者还为读者设计了六套模拟试题，旨在帮助读者提高综合解题能力，巩固和提高学习效果．

本书第一章由李佳宁编写，第二章由李秀梅编写，第三章由张玉丽编写，第四章由顾颖编写，第五章由徐天博编写，第六章由皇甫明编写，第七章由王岩编写，第八章由张振宇编写，六套模拟试题由皇甫明编写．皇甫明负责全书的统筹工作．

由于编者水平有限，书中难免存在不足之处，敬请读者批评指正，以使本书进一步完善．

编　者

2025 年 5 月于大连交通大学

目 录

第一章 概率论的基本概念 ································ (1)
　　§1 随机事件及其运算　§2 概率的定义及其运算 ·············· (2)
　　§3 条件概率与全概率公式 ································ (6)
　　§4 事件的独立性 ······································ (8)

第二章 随机变量及其分布 ································ (11)
　　§1 随机变量　§2 离散型随机变量的概率分布　§3 分布函数 ······ (13)
　　§4 连续型随机变量的概率密度 ···························· (14)
　　§5 随机变量函数的分布 ································ (18)

第三章 多维随机变量及其分布 ···························· (21)
　　§1 二维随机变量的联合分布与边缘分布 ···················· (23)
　　§2 二维离散型随机变量 ································ (24)
　　§3 二维连续型随机变量 ································ (27)
　　§4 两个随机变量函数的分布 ···························· (30)

第四章 随机变量的数字特征 ······························ (32)
　　§1 数学期望 ·· (33)
　　§2 方差　§3 协方差及相关系数 ·························· (36)

第五章 大数定律与中心极限定理 ·························· (42)

第六章 数理统计的基本概念 ······························ (46)

第七章 参数估计 ······································ (53)

第八章 假设检验 ······································ (60)

概率统计(A)模拟试题一 ·································· (64)

概率统计(A)模拟试题二 ·································· (70)

概率统计(B)模拟试题一 ·································· (76)

概率统计(B)模拟试题二 …………………………………………………… (82)
概率统计(C)模拟试题一 …………………………………………………… (88)
概率统计(C)模拟试题二 …………………………………………………… (93)
参考文献 ……………………………………………………………………… (98)

第一章 概率论的基本概念

授课章节	第一章 概率论的基本概念
教学基本要求	1. 理解随机事件的概念，了解样本空间的概念，掌握事件之间的关系与运算； 2. 理解事件频率的概念，了解概率的统计定义，了解概率的公理化定义； 3. 理解概率的等可能概型定义，会计算等可能概型的概率； 4. 掌握概率的基本性质及概率加法定理； 5. 理解条件概率的概念，掌握概率的乘法定理，掌握全概率公式； 6. 掌握随机事件与概率基本公式的应用，能够解决一些实际问题

【知识要点】

1. 事件的关系与运算

(1)包含：$A \subset B$，事件 A 发生必导致事件 B 发生．

(2)相等：$A = B$，$A \subset B$ 且 $B \subset A$．

(3)互斥：$AB = \varnothing$，事件 A 与事件 B 不同时发生．

(4)和事件：$A \cup B$，事件 A 与事件 B 至少有一个发生，即或事件 A 发生，或事件 B 发生．

(5)积事件：AB，事件 A 与事件 B 同时发生．

(6)差事件：$A - B$，事件 A 发生但事件 B 不发生，有
$$A - B = A - AB = A\bar{B}$$

(7)逆事件：$\bar{A}$，$\bar{A} = S - A$，其中 S 为样本空间，有
$$A \cup \bar{A} = S, \quad A\bar{A} = \varnothing$$

注意：互斥事件不一定是互逆事件．如果 $AB = \varnothing$，不一定有 $A \cup B = S$．

(8)德·摩根律：$\overline{A \cup B} = \bar{A}\bar{B}$，$\overline{AB} = \bar{A} \cup \bar{B}$．

2. 概率的定义与性质

(1)统计概率：$P(A) = \lim\limits_{n \to \infty} \dfrac{m}{n}$，$n$ 为试验的次数，m 为在 n 次试验中事件 A 发生的次数．

(2)古典概率：$P(A) = \dfrac{m}{n}$，n 为样本点总数，m 为事件 A 包含的样本点数．

性质：$0 \leq P(A) \leq P(S) \leq 1$，$P(\varnothing) = 0$．

注意：如果 $P(A) = 0$，A 不一定是不可能事件．

(3)条件概率：$P(A) > 0$，$P(B|A) = \dfrac{P(AB)}{P(A)}$，表示在事件 A 发生的条件下事件 B 发生的概率．

独立性：如果 $P(AB) = P(A)P(B)$，则称事件 A 与事件 B 相互独立．

注意：①事件 $A_1, A_2, \cdots, A_n$ 相互独立与事件 $A_1, A_2, \cdots, A_n$ 两两独立是两个不同的概念，前者包含后者．

②事件A与事件B相互独立与互斥不是等价的. 当$P(A) > 0$, $P(B) > 0$时, 事件A与事件B互斥及事件A与事件B相互独立不能同时成立.

3. 概率的计算公式

(1) 加法公式:
$$P(A \cup B) = P(A) + P(B) - P(AB)$$
$$P(A \cup B \cup C) = P(A) + P(B) + P(C) - P(AB) - P(BC) - P(AC) + P(ABC)$$

(2) 乘法公式:
$$P(AB) = P(A)P(B|A), \quad P(A) > 0$$
$$P(ABC) = P(A)P(B|A)P(C|AB), \quad P(AB) > 0$$

(3) 减法公式:
$$P(A - B) = P(A) - P(AB) = P(A\overline{B})$$
特别地, 当$B \subset A$时, 有
$$P(A - B) = P(A) - P(B)$$

(4) 全概率公式:
$$P(B) = \sum_{i=1}^{n} P(A_i) P(B|A_i)$$
其中, $A_1 \cup A_2 \cup \cdots \cup A_n = S$, $A_i A_j = \varnothing (i \neq j)$, $P(A_i) > 0$, $1 \leq i, j \leq n$.

(5) 贝叶斯公式:
$$P(A_i | B) = \frac{P(A_i) P(B|A_i)}{\sum_{i=1}^{n} P(A_i) P(B|A_i)}$$
其中, $A_1 \cup A_2 \cup \cdots \cup A_n = S$, $A_i A_j = \varnothing (i \neq j)$, $P(A_i) > 0$, $1 \leq i, j \leq n$.

【训练与提高】

§1 随机事件及其运算　§2 概率的定义及其运算

一、填空题

1. 向指定的目标射三枪, 设$A_i = \{$第i枪击中目标$\}(i = 1, 2, 3)$, 用A_1, A_2, A_3表示下列各事件.

(1) 只击中第一枪: ＿＿＿＿＿＿＿＿＿＿;

(2) 三枪都未击中: ＿＿＿＿＿＿＿＿＿＿;

(3) 只击中一枪: ＿＿＿＿＿＿＿＿＿＿;

(4) 至少击中一枪: ＿＿＿＿＿＿＿＿＿＿.

2. 设A, B是两个随机事件, $P(A) = 0.7$, $P(A - B) = 0.3$, 则$P(\overline{AB}) = $＿＿＿＿＿＿＿＿＿＿.

3. 袋中有 10 个球,其中 4 个是红球,从袋中任取 3 个球,则至少取到 1 个红球的概率为 _____.

4. 设 $P(B) = 0.3$,$P(A \cup B) = 0.6$,则 $P(A\bar{B}) =$ _____.

二、选择题

1. A 表示事件"甲种产品畅销,乙种产品滞销",则 $\bar{A}$ 表示( ).
  (A)"甲种产品滞销,乙种产品畅销"　　(B)"甲乙两种产品均畅销"
  (C)"甲乙两种产品均滞销"　　　　　　(D)"甲种产品滞销或乙种产品畅销"

2. 连续掷一枚硬币 5 次,每次都出现正面,则第六次出现正面的概率( ).
  (A)大于 0.5　　　　　　　　　　　　(B)等于 0.5
  (C)小于 0.5　　　　　　　　　　　　(D)等于 1

3. 随机事件 A,B 满足 $P(A) = P(B) = \dfrac{1}{2}$,$P(A \cup B) = 1$,则必有( ).
  (A) $A \cup B = S$　　　　　　　　　(B) $AB = \emptyset$
  (C) $P(A - B) = P(A)$　　　　　　　(D) $P(\bar{A} \cup \bar{B}) = 0$

三、计算题

1. 袋中共有 5 个乒乓球,编号为 $i = 1, 2, 3, 4, 5$. 其中 1,2 号为黄球,3,4,5 号为白球,从中任取两球(一次性抽取),令 $A = \{$两球中恰有一白球$\}$,$B = \{$两球中至少有一白球$\}$,$C = \{$两球都是同色球$\}$,计算 $P(A)$,$P(B)$,$P(C)$.

2. 同第1题，进行不放回抽样(即每次取一球，取后不放回，连取两次)，计算 $P(A)$，$P(B)$，$P(C)$.

3. 同第1题，进行放回抽样(即每次取一球，取后放回，连取两次)，计算 $P(A)$，$P(B)$，$P(C)$.

4. 将3个球随机地投入4个盒子中，试求下列事件发生的概率.
(1) $A = \{4$个盒子中3个盒子中各有1个球$\}$；
(2) $B = \{4$个盒子中1个盒子中有3个球$\}$；
(3) $C = \{4$个盒子中1个盒子中有2个球，1个盒子中有1个球$\}$.

5. 从 0，1，2，…，9 共 10 个数字中任选 3 个不同的数字，试求下列事件发生的概率.
(1) $A = \{3$ 个数字中不含 0 和 5$\}$；
(2) $B = \{3$ 个数字中不含 0 或 5$\}$；
(3) $C = \{3$ 个数字中含 0 不含 5$\}$.

6. (本题不计算结果) 已知在 100 件产品中有 5 件次品，求：
(1) 从中任取 10 件 (一次性抽取)，恰有 2 件次品的概率；
(2) 进行不放回抽样，连取 10 件，恰有 2 件次品的概率；
(3) 进行放回抽样，连取 10 件，恰有 2 件次品的概率.

7. 设 A，B，C 为 3 个事件，且 $P(A) = P(B) = P(C) = \dfrac{1}{4}$，$P(AB) = P(BC) = \dfrac{1}{8}$，$P(AC) = 0$，求 A，B，C 都不发生的概率.

§3 条件概率与全概率公式

一、填空题

1. 已知 $P(A) = 0.5$，$P(B) = 0.6$，$P(B|A) = 0.8$，则 $P(A \cup B) = $ _____ .

2. 已知 $P(A) = \dfrac{1}{4}$，$P(B|A) = \dfrac{1}{3}$，$P(A|B) = \dfrac{1}{2}$，则 $P(AB) = $ _____ , $P(B) = $ _____ .

3. 已知 $P(\overline{A}) = 0.3$，$P(B) = 0.4$，$P(A\overline{B}) = 0.5$，则 $P(B|A \cup \overline{B}) = $ _____ .

4. 设事件 A，B 发生的概率分别为 $\dfrac{1}{3}$ 和 $\dfrac{1}{2}$，求下列几种情况下 $P(\overline{A}B)$ 的值.

(1) A 与 B 互斥时，$P(\overline{A}B) = $ _____ ；

(2) $A \subset B$ 时，$P(\overline{A}B) = $ _____ ；

(3) $P(AB) = \dfrac{1}{8}$ 时，$P(\overline{A}B) = $ _____ ；

(4) A，B 相互独立时，$P(\overline{A}B) = $ _____ .

5. 一批产品中，一、二、三等品各占 60%、30%、10%，从中任取一件，结果不是三等品，则取到一等品的概率是 _____ .

6. 袋中有 50 个乒乓球，其中有 45 个黄球，5 个白球，取后不放回，设 $A_i = \{$第 i 人抽到黄球$\}$ $(i = 1, 2)$，$P(A_1) = $ _____ ；$P(A_2|A_1) = $ _____ ；$P(A_2) = $ _____ .

二、计算题

1. 一批产品共 20 件，其中有 5 件次品，其余为正品. 现从这 20 件产品中不放回地任意抽取 3 次，每次只取一件，求下列事件发生的概率.

(1) 在第一次、第二次取到正品的条件下，第三次取到次品；

(2) 第三次才取到次品；

(3) 第三次取到次品.

2. 设 A，B 是两个事件，已知 $P(A)=0.5$，$P(B)=0.6$，$P(B\mid \bar{A})=0.4$，计算 $P(\bar{A}B)$，$P(AB)$，$P(A\cup B)$.

3. 有两个箱子，甲箱中有 4 个白球，3 个红球；乙箱中有 3 个白球，2 个红球. 现从甲箱中任取一球放到乙箱中，再从乙箱中任取一球，求：
(1) 此球是白球的概率；
(2) 已知从乙箱中取出的球是白球，这时，从甲箱中取出的球也是白球的概率.

4. 玻璃杯成箱出售，每箱装有 20 个玻璃杯，设各箱含 0、1、2 个残次品的概率分别为 0.8、0.1、0.1. 一顾客欲购买一箱玻璃杯，由售货员任取一箱，而顾客开箱随机地查看 4 个玻璃杯，若无残次品，则买下该箱玻璃杯，否则退回，求：

(1) 顾客买此箱玻璃杯的概率；

(2) 在顾客买的此箱玻璃杯中，确实没有残次品的概率.

§4 事件的独立性

一、填空题

1. 事件 A，B 相互独立的充要条件是_____；事件 A，B，C 相互独立的充要条件是_____.

2. 设事件 A，B 相互独立，$P(A \cup B) = 0.6$，$P(A) = 0.4$，则 $P(B) =$ _____.

3. 生产某种零件需经过 3 道独立工序，各道工序的废品率依次是 0.1、0.2、0.3. 在加工出的合格品中，一等品率为 90%. 设 $A_i = \{$第 i 道工序合格$\}$ ($i = 1, 2, 3$)，$B = \{$零件为一等品$\}$，则 $P(B) =$ _____.

二、计算题

1. 3 人独立地去翻译一份外文资料，已知各人能译出的概率分别为 $\frac{1}{4}$、$\frac{1}{5}$、$\frac{1}{6}$，求：

(1) 恰有一人译出的概率；

(2) 资料被译出的概率.

2. 设有两架高射炮,每架击中飞机的概率都是 0.6,问:

(1) 两架高射炮同时发射一枚炮弹而击中飞机的概率是多少?

(2) 若一架敌机来犯,要以 99% 的概率击中它,需要多少架高射炮?

3. 将一枚硬币独立地掷两次,记 $A_1 = \{$掷第一次出现正面$\}$,$A_2 = \{$掷第二次出现正面$\}$,$A_3 = \{$正、反面各出现一次$\}$,试判断:

(1) A_1,A_2,A_3 中任何两个事件是否都相互独立;

(2) A_1,A_2,A_3 是否相互独立.

4. 甲、乙、丙 3 人独立地向同一飞机射击，设击中的概率分别为 0.4、0.5、0.7. 若只有 1 人击中，则飞机被击落的概率为 0.2；若有 2 人击中，则飞机被击落的概率为 0.6；若 3 人都击中，则飞机一定被击落. 求飞机被击落的概率.

授课章节	第二章　随机变量及其分布
教学基本要求	1. 理解随机变量的概念； 2. 理解离散型随机变量及其分布律的概念和性质； 3. 理解连续型随机变量及其概率密度的概念和性质； 4. 理解分布函数的概念和性质，会利用概率分布计算有关事件的概率

【知识要点】

1. 一维随机变量及其分布函数

分布函数：$F(x) = P\{X \leq x\}$，$-\infty < x < +\infty$.

性质：$0 \leq F(x) \leq 1$，$F(-\infty) = 0$，$F(+\infty) = 1$；单调不减；右连续，即 $\lim\limits_{x \to x_0^+} F(x) = F(x_0)$.

由分布函数算得概率：
$$P\{a < X \leq b\} = F(b) - F(a)$$

2. 离散型随机变量 X 的分布律

分布律：$P\{X = x_k\} = p_k$，$k = 1, 2, \cdots$.

性质：$0 \leq p_k \leq 1$，$\sum\limits_{k=1}^{\infty} p_k = 1$.

分布函数：$F(x) = P\{X \leq x\} = \sum\limits_{x_k \leq x} p_k$，即不大于 x 的 x_k 所对应的概率 p_k 之和.

3. 常见离散型随机变量的概率分布

(1) (0—1) 分布：
$$P\{X = k\} = p^k (1-p)^{1-k} \quad (k = 0, 1; 0 < p < 1)$$

(2) 二项分布 $X \sim B(n, p)$：
$$P\{X = k\} = C_n^k p^k (1-p)^{n-k} \quad (k = 0, 1, 2, \cdots, n; 0 < p < 1)$$

(3) 泊松分布 $X \sim P(\lambda)$：
$$P\{X = k\} = \frac{\lambda^k}{k!} e^{-\lambda} \quad (k = 0, 1, 2, \cdots; \lambda > 0)$$

(4) 二项分布的泊松近似分布：
$$P\{X = k\} = C_n^k p^k (1-p)^{n-k} \approx \frac{(np)^k e^{-np}}{k!} \quad (k = 0, 1, 2, \cdots, n; 0 < p < 1)$$

4. 连续型随机变量及其概率密度

分布函数：$F(x) = \int_{-\infty}^{x} f(t) \, dt \quad (-\infty < x < +\infty)$.

概率密度 $f(x)$ 的性质：$f(x) \geq 0$，$\int_{-\infty}^{+\infty} f(x) \, dx = 1$.

由概率密度算得概率：$P\{a < X \leq b\} = F(b) - F(a) = \int_a^b f(x)\mathrm{d}x$.

连续型随机变量 X 的性质：$F(x)$ 连续，$P\{X = C\} = 0$（C 为实数），$F'(x) = f(x)$ [$f(x)$ 在点 x 连续].

5. 常见连续型随机变量的概率密度

(1) 均匀分布：

$$X \sim U(a, b), f(x) = \begin{cases} \dfrac{1}{b-a}, & a < x < b \\ 0, & 其他 \end{cases}$$

(2) 指数分布：

$$X \sim E(\lambda), f(x) = \begin{cases} \lambda e^{-\lambda x}, & x > 0 \\ 0, & x \leq 0 \end{cases} (\lambda > 0)$$

(3) 正态分布：

$$X \sim N(\mu, \sigma^2), f(x) = \frac{1}{\sqrt{2\pi}\sigma} e^{-\frac{(x-\mu)^2}{2\sigma^2}}, -\infty < x < +\infty$$

且 $Y = aX + b \sim N(a\mu + b, a^2\sigma^2)$，$\dfrac{X - \mu}{\sigma} \sim N(0, 1)$.

(4) 标准正态分布：

$$X \sim N(0, 1), \varphi(x) = \frac{1}{\sqrt{2\pi}} e^{-\frac{x^2}{2}}, -\infty < x < +\infty$$

$$\Phi(0) = \frac{1}{2}, \Phi(-x) = 1 - \Phi(x)$$

6. 随机变量函数的分布

设 X 是随机变量，$g(x)$ 是已知函数，$Y = g(X)$ 是随机变量 X 的函数，它也是一个随机变量. 下面介绍已知 X 的分布，求 $Y = g(X)$ 的分布的方法.

(1) X 是离散型随机变量，它的分布律为 $P\{X = a_i\} = p_i (i = 1, 2, \cdots)$，$Y = g(X)$ 的分布律为 $P\{Y = g(a_i)\} = p_i (i = 1, 2, \cdots)$.

注意：取相同 $g(a_i)$ 值的那些事件 a_i 的概率应合并相加.

(2) X 是连续型随机变量，它的概率密度为 $f_X(x)$，$y = g(x)$ 是连续函数，求随机变量函数 $Y = g(X)$ 的概率密度的方法有以下两种.

① 分布函数法：

求出取非零值的区间，并求出 $y = g(x)$ 在该区间上的最大值 β 与最小值 α；

求出 Y 的分布函数 $F_Y(y) = P\{Y \leq y\} = P\{f(x) \leq y\}$ 的表达式；

对 $F_Y(y)$ 求导数，即得概率密度 $f_Y(y)$ ($\alpha < y < \beta$).

② 公式法：

如果 $y = g(x)$ 是单调函数，且其反函数 $x = g^{-1}(y)$ 具有一阶连续层数，则 $Y = g(X)$ 的概率密度为 $f_Y(y) = f_X[g^{-1}(y)] |[g^{-1}(y)]'|$.

注意：如果 $y = g(x)$ 不是单调函数，但在两个不交的区间是单调的，则分别用公式法在两个区间内求出概率密度，$Y = g(X)$ 的概率密度 $f_Y(y)$ 为所求两个概率密度的和.

【训练与提高】

§1 随机变量　§2 离散型随机变量的概率分布　§3 分布函数

一、填空题

1. 设随机变量 X 的分布律为

(1) $P\{X=k\} = \dfrac{a}{N}$，$k = 1, 2, \cdots, N$，则 $a =$ _____ ；

(2) $P\{X=k\} = a\dfrac{1}{2^k}$，$k = 1, 2, \cdots$，则 $a =$ _____ .

2. 已知随机变量 $X \sim P(\lambda)$，且 $P\{X=1\} = P\{X=2\}$，则 $\lambda =$ _____ .

3. 某班车起点站上车人数是随机的，每位乘客在中途下车的概率为 0.3，并且他们下车与否相互独立. 已知某班车发车时车上有 10 个乘客，则中途有 3 个乘客下车的概率为 _____ .

4. 在 10 个零件中有 3 个次品，从中任取 3 次，每次取 1 个，进行不放回抽样，以 X 表示取出次品的个数，将 X 的分布律填入下表.

$X = k$	
$p_k = P\{X=k\}$	

二、计算题

1. 设随机变量 X 的分布函数为

$$F(x) = \begin{cases} 0, & x < -1 \\ 0.4, & -1 \leqslant x < 1 \\ 0.8, & 1 \leqslant x < 3 \\ 1, & x \geqslant 3 \end{cases}$$

求 X 的分布律及概率 $P\{-3 < X \leqslant 2\}$.

2. 设袋中有编号为 1、2、3、4、5 的 5 个球, 今从中任取 3 个球, 以 X 表示取出的 3 个球中的最大号码, 写出 X 的分布函数 $F(x)$.

3. 某类灯泡的使用时间在 1 000 h 以上的概率为 0.2, 求 3 个灯泡在使用 1 000 h 以后最多只坏了 1 个的概率.

§4 连续型随机变量的概率密度

A 组

一、填空题

1. 设随机变量 X 服从正态分布 $N(\mu, \sigma^2)(\sigma > 0)$, 且二次方程 $y^2 + 4y + X = 0$ 无实根的概率为 $\dfrac{1}{2}$, 则 $\mu = $ _____.

2. 设随机变量 X 的概率密度为

$$f(x) = \begin{cases} \dfrac{1}{3}, & 0 \leqslant x \leqslant 1 \\ \dfrac{2}{9}, & 3 \leqslant x \leqslant 6 \\ 0, & \text{其他} \end{cases}$$

若 k 使 $P\{X \geqslant k\} = \dfrac{2}{3}$，则 k 的取值范围是_____．

二、选择题

1. 设随机变量 X 服从正态分布 $N(0, 1)$，对于给定的 $\alpha(0 < \alpha < 1)$，数 z_α 满足 $P\{X > z_\alpha\} = \alpha$，若 $P\{|X| < x\} = \alpha$，则 x 等于(　　)．

(A) $z_{\frac{\alpha}{2}}$　　　　　　　　　　(B) $z_{1-\frac{\alpha}{2}}$

(C) $z_{\frac{1-\alpha}{2}}$　　　　　　　　　　(D) $z_{1-\alpha}$

2. 设随机变量 $X \sim N(\mu, \sigma^2)$，则随着 σ 的增大，概率 $P\{|X - \mu| < \sigma\}$ (　　)．

(A) 单调增大　　　　　　　　(B) 单调减小

(C) 保持不变　　　　　　　　(D) 增减不定

三、计算题

1. 设连续型随机变量 X 的分布函数为

$$F(x) = \begin{cases} 0, & x < 0 \\ kx^2, & 0 \leqslant x \leqslant 1 \\ 1, & x > 1 \end{cases}$$

求：(1) 系数 k；

(2) $P\{0.5 \leqslant X \leqslant 2\}$；

(3) X 的概率密度．

2. 设连续型随机变量 X 的概率密度为

$$f(x) = \begin{cases} ax, & 0 \leq x \leq 1 \\ 2-x, & 1 < x \leq 2 \\ 0, & 其他 \end{cases}$$

求：(1) 常数 a；

(2) X 的分布函数；

(3) $P\left\{\dfrac{1}{2} \leq X \leq \dfrac{3}{2}\right\}$.

3. 设 $X \sim N(3, 4)$，

(1) 求 $P\{2 < X \leq 5\}$；

(2) 求 $P\{X \geq 3\}$；

(3) 求 $P\{|X| > 2\}$；

(4) 若 $P\{X > c\} = P\{X \leq c\}$，求 c.

4. 设随机变量 X 的概率密度为
$$f(x) = \begin{cases} A\sin x, & 0 < x \leq \pi \\ 0, & 其他 \end{cases}$$
求：(1) 常数 A；

(2) X 的分布函数；

(3) X 落在 $\left[-\dfrac{\pi}{4}, \dfrac{\pi}{4}\right]$ 上的概率.

5. 设随机变量 X 在 $[2,5]$ 上服从均匀分布，现对 X 进行 3 次独立观察，求至少有 2 次观察值大于 3 的概率.

6. 设随机变量 $X \sim N(2, \sigma^2)$，且 $P\{2 < X < 4\} = 0.3$，计算 $P\{X < 0\}$.

B 组

一、选择题

设 $f_1(x)$ 为标准正态分布的概率密度，$f_2(x)$ 为 $[-1, 3]$ 上均匀分布的概率密度，若

$$f(x) = \begin{cases} a f_1(x), & x \leq 0 \\ b f_2(x), & x > 0 \end{cases} \quad (a > 0, b > 0)$$

为某随机变量的概率密度，则 a，b 应满足（　　）.

(A) $2a + 3b = 4$ 　　　　　　　　　(B) $3a + 2b = 4$

(C) $a + b = 1$ 　　　　　　　　　　(D) $a + b = 2$

二、填空题

设某种元件的寿命 T 的分布函数为

$$F(t) = \begin{cases} 1 - e^{-(\frac{t}{\theta})^m}, & t \geq 0 \\ 0, & \text{其他} \end{cases}$$

其中 θ，m 为参数且大于零，若 $s > 0$，$t > 0$，则概率 $P\{T > t\} = $ _____；$P\{T > s+t \mid T > s\} = $ _____.

§5 随机变量函数的分布

A 组

一、填空题

1. 设随机变量 X 的分布律如下表所示.

$X = x_k$	-1	0	1	2	3
$p_k = P\{X = x_k\}$	$\dfrac{1}{16}$	$\dfrac{1}{8}$	$\dfrac{1}{4}$	$\dfrac{3}{8}$	$\dfrac{3}{16}$

试将 $Y = 2X - 1$，$Z = X^2 + 1$ 的分布律分别填入下面两个表中.

$Y = y_k$					
$P\{Y = y_k\}$					

$Z = z_k$					
$P\{Z = z_k\}$					

2. 设随机变量 X 在 $(0, 1)$ 内服从均匀分布，令 $Y = e^X$，$Z = -2\ln X$，则 Y 的概率密度 $f_Y(y) = $ _____；Z 的概率密度 $f_Z(z) = $ _____.

3. 设 $X \sim N(\mu, \sigma^2)$，则 $Y = aX + b \sim $ _____；Y 的概率密度为 $f_Y(y) = $ _____.

4. 设 X 的概率密度为 $f(x)$，$-\infty < x < +\infty$，则 $Y = -2X + 1$ 的概率密度为 _____.

二、计算题

1. 设 X 的概率密度为

$$f_X(x) = \begin{cases} \dfrac{2}{\pi(x^2+1)}, & x > 0 \\ 0, & x \leq 0 \end{cases}$$

求 $Y = \ln X$ 的概率密度 $f_Y(y)$.

2. 设随机变量 X 服从参数为 $\dfrac{1}{2}$ 的指数分布,证明:$Y = 1 - e^{-2X}$ 在区间 $(0, 1)$ 内服从均匀分布.

3. 设 $a > 0$, $X \sim U(-a, a)$, 求：

(1) $Y = |X|$ 的概率密度；

(2) $Y = \dfrac{1}{|X|}$ 的概率密度. （分布函数法）

B 组

计算题

1. 已知随机变量 $X \sim N(0, 1)$,

(1) 令 $Y = \begin{cases} -1, & X < 1 \\ 1, & X \geq 1 \end{cases}$, 求 Y 的分布函数；

(2) 求 $Z = e^X$ 的概率密度.

2. 设 $X \sim N(0, 1)$, 计算 $Y = X^2$ 的概率密度. （分布函数法）

授课章节	第三章　多维随机变量及其分布
教学基本要求	1. 理解二维随机变量的概念，理解二维随机变量的联合分布的概念、性质及两种基本形式，掌握二维离散型随机变量的联合概率分布、边缘概率分布的求法； 2. 理解二维连续型随机变量的联合概率密度和边缘概率密度，会利用二维连续型随机变量的概率分布求有关事件的概率； 3. 理解二维随机变量的独立性的概念，掌握二维离散型和连续型随机变量相互独立的条件； 4. 掌握二维均匀分布，了解二维正态分布的概率密度，理解其中参数的概率意义； 5. 会求二维随机变量简单函数的分布

【知识要点】

1. 二维随机变量及其分布

(1) 联合分布函数：
$$F(x, y) = P\{X \leq x, Y \leq y\}, \quad -\infty < x, y < +\infty$$

(2) 性质：
$$0 \leq F(x, y) \leq 1$$
$$F(-\infty, y) = \lim_{x \to -\infty} F(x, y) = 0, \quad F(x, -\infty) = \lim_{y \to -\infty} F(x, y) = 0$$
$$F(-\infty, -\infty) = \lim_{\substack{x \to -\infty \\ y \to -\infty}} F(x, y) = 0, \quad F(+\infty, +\infty) = \lim_{\substack{x \to +\infty \\ y \to +\infty}} F(x, y) = 1$$

(3) 边缘分布函数：
$$F_X(x) = P\{X \leq x, Y \leq +\infty\} = F(x, +\infty)$$
$$F_Y(y) = F(+\infty, y)$$

(4) 二维随机变量的独立性：
$$X \text{ 与 } Y \text{ 相互独立} \Leftrightarrow F(x, y) = F_X(x) \cdot F_Y(y)$$

2. 二维离散型随机变量

(1) 联合分布律：
$$P\{X = x_i, Y = y_j\} = p_{ij} \quad (i, j = 1, 2, \cdots)$$

该分布律也可表示成下表的形式.

Y	X				
	x_1	x_2	$\cdots$	x_i	$\cdots$
y_1	p_{11}	p_{21}	$\cdots$	p_{i1}	$\cdots$
y_2	p_{12}	p_{22}	$\cdots$	p_{i2}	$\cdots$
$\vdots$	$\vdots$	$\vdots$		$\vdots$	
y_j	p_{1j}	p_{2j}	$\cdots$	p_{ij}	$\cdots$
$\vdots$	$\vdots$	$\vdots$		$\vdots$	

(2) 联合分布律性质：
$$0 \leqslant p_{ij} \leqslant 1, \sum_{i=1}^{\infty} \sum_{j=1}^{\infty} p_{ij} = 1$$

(3) 联合分布函数：
$$F(x, y) = \sum_{x_i \leqslant x} \sum_{y_j \leqslant y} P\{X = x_i, Y = y_j\} = \sum_{x_i \leqslant x} \sum_{y_j \leqslant y} p_{ij}$$

(4) 边缘分布律：
$$P\{X = x_i\} = \sum_{j=1}^{\infty} p_{ij}, \quad P\{Y = y_j\} = \sum_{i=1}^{\infty} p_{ij} (i, j = 1, 2, \cdots)$$

(5) 二维离散型随机变量的独立性：
$$X \text{ 与 } Y \text{ 相互独立} \Leftrightarrow P\{X = x_i, Y = y_j\} = P\{X = x_i\} \cdot P\{Y = y_j\}$$

3. 二维连续型随机变量

(1) 联合分布函数：
$$F(x, y) = P\{X \leqslant x, Y \leqslant y\} = \int_{-\infty}^{y} \int_{-\infty}^{x} f(u, v) \mathrm{d}u \mathrm{d}v (-\infty < x, y < +\infty)$$

(2) 联合概率密度 $f(x, y)$ 的性质：
$$f(x, y) \geqslant 0, \int_{-\infty}^{+\infty} \int_{-\infty}^{+\infty} f(x, y) \mathrm{d}x \mathrm{d}y = 1, \frac{\partial^2 F(x, y)}{\partial x \partial y} = f(x, y)$$

由联合概率密度算得的概率：
$$P\{(X, Y) \in D\} = \iint_D f(x, y) \mathrm{d}x \mathrm{d}y \quad (D \text{ 为平面区域})$$

(3) 边缘概率密度：
$$f_X(x) = \int_{-\infty}^{+\infty} f(x, y) \mathrm{d}y, \quad f_Y(y) = \int_{-\infty}^{+\infty} f(x, y) \mathrm{d}x$$

(4) 二维连续型随机变量的独立性：
$$X \text{ 与 } Y \text{ 相互独立} \Leftrightarrow f(x, y) = f_X(x) \cdot f_Y(y) \text{ 几乎处处成立}$$

4. 常见二维连续型随机变量的分布

(1) 二维均匀分布：
$$f(x, y) = \begin{cases} \dfrac{1}{S(D)}, & (x, y) \in D \\ 0, & (x, y) \notin D \end{cases}$$

其中，$S(D)$ 为平面区域 D 的面积. 记作 $(X, Y) \sim U(D)$.

(2) 二维正态分布：
$$(X, Y) \sim N(\mu_1, \mu_2, \sigma_1^2, \sigma_2^2, \rho)$$

其中，$X \sim N(\mu_1, \sigma_1^2)$，$Y \sim N(\mu_2, \sigma_2^2)$；$X$ 与 Y 相互独立 $\Leftrightarrow \rho = 0$.

5. 二维随机变量的函数 $Z = X + Y$ 的分布

设二维随机变量 (X, Y) 的概率密度为 $f(x, y)$，则
$$f_Z(z) = \int_{-\infty}^{+\infty} f(x, z - x) \mathrm{d}x = \int_{-\infty}^{+\infty} f(z - y, y) \mathrm{d}y$$

> 如果 X 与 Y 相互独立，则
> $$f_Z(z) = \int_{-\infty}^{+\infty} f_X(x) f_Y(z-x) \mathrm{d}x = \int_{-\infty}^{+\infty} f_X(z-y) f_Y(y) \mathrm{d}y \quad (卷积公式)$$
> **注意**：如果 $X_1, X_2, \cdots, X_n$ 相互独立，且 $X_i \sim N(\mu_i, \sigma_i^2)$，则
> $$Y = \sum_{i=1}^{n} a_i X_i \sim N\left(\sum_{i=1}^{n} a_i \mu_i, \sum_{i=1}^{n} a_i^2 \sigma_i^2\right) \quad (a_i \text{ 不全为零})$$

【训练与提高】

§1 二维随机变量的联合分布与边缘分布

计算题

1. 设二维随机变量 (X, Y) 的分布函数为
$$F(x, y) = A\left(B + \arctan \frac{x}{2}\right)\left(C + \arctan \frac{y}{3}\right)$$
试：(1) 求参数 A, B, C 的值；
(2) 求 (X, Y) 关于 X 和 Y 的边缘分布函数 $F_X(x)$ 和 $F_Y(y)$；
(3) 判断 X 与 Y 是否相互独立，并说明理由．

2. 设二维随机变量 (X, Y) 的分布函数为
$$F(x, y) = \begin{cases} 1 - e^{-0.5x} - e^{-0.5y} + e^{-0.5(x+y)}, & x \geq 0, y \geq 0 \\ 0, & \text{其他} \end{cases}$$
试：(1) 求 (X, Y) 关于 X 和 Y 的边缘分布函数 $F_X(x)$ 和 $F_Y(y)$；

(2) 判断 X 与 Y 是否相互独立，并说明理由.

§2 二维离散型随机变量

一、填空题

设随机变量 X 与 Y 相互独立，它们的分布律分别如下表所示.

$X = x_i$	-2	-1	0	$\dfrac{1}{2}$
$p_i = P\{X = x_i\}$	$\dfrac{1}{4}$	$\dfrac{1}{3}$	$\dfrac{1}{12}$	$\dfrac{1}{3}$

$Y = y_j$	$-\dfrac{1}{2}$	1	3
$p_j = P\{Y = y_j\}$	$\dfrac{1}{2}$	$\dfrac{1}{4}$	$\dfrac{1}{4}$

(X, Y) 的分布律为 $p_{ij} = P\{X = x_i, Y = y_j\} = $ _____，其中 $i = $ _____，$j = $ _____.

二、选择题

设随机变量 X 与 Y 相互独立，其分布律分别如下表所示.

X	0	1
P	$\dfrac{1}{2}$	$\dfrac{1}{2}$

Y	0	1
P	$\dfrac{1}{2}$	$\dfrac{1}{2}$

以下结论正确的是( ).

(A) $X = Y$ (B) $P\{X = Y\} = 1$

(C) $P\{X = Y\} = \dfrac{1}{2}$ (D) 以上结论都不正确

三、计算题

1. 盒中有 3 个黑球、2 个红球、1 个白球,在其中任取 3 个球,以 X 表示取到的黑球数,以 Y 表示取到的红球数.

(1) 求 (X, Y) 的分布律;

(2) 求 (X, Y) 关于 X, Y 的边缘分布律;

(3) 试判断 X 与 Y 是否相互独立,并说明理由.

2. 设随机变量 $X_i(i=1,2)$ 的分布律如下表所示.

X_i	-1	0	1
P	$\frac{1}{4}$	$\frac{1}{2}$	$\frac{1}{4}$

且满足 $P\{X_1 X_2 = 0\} = 1$，求 $P\{X_1 = X_2\}$.

3. 设二维随机变量 (X, Y) 的联合分布律如下表所示，问 a, b 取何值时，X 与 Y 是相互独立的？

Y	X	
	1	2
1	$\frac{1}{6}$	$\frac{1}{3}$
2	$\frac{1}{9}$	a
3	$\frac{1}{18}$	b

§3 二维连续型随机变量

一、填空题

设 X，Y 是相互独立的随机变量，X 在 $(0, 0.2)$ 内服从均匀分布，Y 的概率密度为

$$f_Y(y) = \begin{cases} 5e^{-5y}, & y > 0 \\ 0, & y \leq 0 \end{cases}$$

则 (X, Y) 的概率密度 $f(x, y) =$ _____ .

二、选择题

设随机变量 X 与 Y 相互独立，X 在区间 $(0, 2)$ 内服从均匀分布，Y 服从参数为 1 的指数分布，则概率 $P\{X + Y > 1\}$ 为（　　）.

(A) $1 - \dfrac{1}{2e}$ 　　　　　　　　(B) $1 - e$

(C) e 　　　　　　　　　　　　(D) $2e$

三、计算题

1. 设二维随机变量 (X, Y) 的概率密度为

$$f(x, y) = \begin{cases} k(6 - x - y), & 0 < x < 2, \ 2 < y < 4 \\ 0, & 其他 \end{cases}$$

(1) 确定常数 k；

(2) 求 $P\{X < 1.5\}$；

(3) 求 $P\{X + Y \geq 4\}$.

2. 设二维随机变量 (X, Y) 的概率密度为
$$f(x, y) = \begin{cases} e^{-y}, & 0 < x < y \\ 0, & \text{其他} \end{cases}$$
求：(1) $P\{X + Y \leq 1\}$；
(2) 边缘概率密度 $f_Y(y)$.

3. 设二维随机变量 (X, Y) 的概率密度为
$$f(x, y) = \begin{cases} c x^2 y, & x^2 < y \leq 1 \\ 0, & \text{其他} \end{cases}$$
(1) 确定常数 c；
(2) 求边缘概率密度；
(3) 判断 X 与 Y 是否相互独立.

4. 设二维随机变量 (X, Y) 的概率密度为
$$f(x, y) = \begin{cases} 6, & 0 < x^2 < y < x < 1 \\ 0, & 其他 \end{cases}$$
试判断 X 与 Y 是否相互独立,并说明理由.

5. 设随机变量 X 与 Y 相互独立,X 和 Y 在 $[0, b]$ 上服从均匀分布,其中 $b \leq 4$,求关于 X,Y 的方程 $t^2 + Xt + Y = 0$ 有实根的概率.

§4 两个随机变量函数的分布

A 组

一、填空题

设 X，Y 相互独立，且 $X \sim N(\mu_1, \sigma_1^2)$，$Y \sim N(\mu_2, \sigma_2^2)$，记其和 $Z = X + Y$，则 $Z \sim N(\underline{\quad\quad}, \underline{\quad\quad})$. 推而广之，若 $X_i \sim N(\mu_i, \sigma_i^2)(i = 1, 2, \cdots, n)$ 且 X_1，X_2，$\cdots$，X_n 相互独立，则它们的和 $Z = X_1 + X_2 + \cdots + X_n$ 仍服从正态分布，且有 $Z \sim N(\underline{\quad\quad}, \underline{\quad\quad})$.

二、计算题

1. 设 X，Y 是两个相互独立的随机变量，其概率密度分别为

$$f_X(x) = \begin{cases} 1, & 0 \leq x < 1 \\ 0, & \text{其他} \end{cases}, \quad f_Y(y) = \begin{cases} e^{-y}, & y > 0 \\ 0, & \text{其他} \end{cases}$$

求随机变量 $Z = X + Y$ 的概率密度.

2. 设 X, Y 是两个相互独立的随机变量,且 $X \sim U(1, 2)$, Y 的概率密度为

$$f_Y(y) = \begin{cases} 2y, & 0 < y < 1 \\ 0, & 其他 \end{cases}$$

求随机变量 $Z = X + Y$ 的概率密度.

B 组

计算题

设二维随机变量 (X, Y) 的概率密度为

$$f(x, y) = \begin{cases} \dfrac{2}{\pi}(x^2 + y^2), & x^2 + y^2 \leq 1 \\ 0, & 其他 \end{cases}$$

(1) 判断 X 与 Y 是否相互独立;
(2) 求 $Z = X^2 + Y^2$ 的概率密度.

授课章节	第四章 随机变量的数字特征
教学基本要求	1. 理解数学期望与方差的概念，掌握它们的性质与计算，会计算随机变量函数的数学期望； 2. 掌握(0—1)分布、二项分布、泊松分布、均匀分布、指数分布、正态分布的数学期望与方差； 3. 理解协方差和相关系数的概念

【知识要点】

1. 一维随机变量的数学期望与方差

离散型随机变量 X 的分布律为 $P\{X=x_i\}=p_i(i=1,2,\cdots)$，则其数学期望和方差分别为

$$E(X)=\sum_{i=1}^{\infty}x_ip_i,\quad D(X)=\sum_{i=1}^{\infty}[x_i-E(X)]^2p_i$$

连续型随机变量 X 的概率密度为 $f(x)$，则其数学期望和方差分别为

$$E(X)=\int_{-\infty}^{+\infty}xf(x)\mathrm{d}x,\quad D(X)=\int_{-\infty}^{+\infty}[x-E(X)]^2f(x)\mathrm{d}x$$

2. 常用公式

$$D(X)=E(X^2)-[E(X)]^2$$

3. 数学期望与方差的基本性质

$$E(C)=C,\quad D(C)=0\quad (C\text{ 为常数})$$
$$E(aX+bY+c)=aE(X)+bE(Y)+c$$
$$D(aX\pm bY+c)=a^2D(X)+b^2D(Y)\pm 2ab\mathrm{Cov}(X,Y)$$

若 X 与 Y 相互独立，则

$$E(XY)=E(X)E(Y),\quad D(aX\pm bY)=a^2D(X)+b^2D(Y)$$

4. 几种分布的均值和方差

(1) (0—1) 分布：$E(X)=p$，$D(X)=p(1-p)$.

(2) 二项分布：$X\sim B(n,p)$，$E(X)=np$，$D(X)=np(1-p)$.

(3) 泊松分布：$X\sim P(\lambda)$，$E(X)=\lambda$，$D(X)=\lambda$.

(4) 均匀分布：$X\sim U(a,b)$，$E(X)=\dfrac{a+b}{2}$，$D(X)=\dfrac{(b-a)^2}{12}$.

(5) 指数分布：$X\sim E(\lambda)$，$E(X)=\lambda$，$D(X)=\lambda^{-2}$.

(6) 正态分布：$X\sim N(\mu,\sigma^2)$，$E(X)=\mu$，$D(X)=\sigma^2$.

5. 随机变量函数 $Y=g(X)$ 的数学期望

(1) 离散型随机变量 X 的分布律为 $P\{X=x_i\}=p_i(i=1,2,\cdots)$，则 Y 的数学期望为

$$E(Y)=\sum_{i=1}^{\infty}g(x_i)p_i$$

(2)连续型随机变量 X 的概率密度为 $f(x)$，则 Y 的数学期望为

$$E(Y) = \int_{-\infty}^{+\infty} g(x)f(x)\,\mathrm{d}x$$

6. 随机变量函数 $Z = g(X, Y)$ 的数学期望

(1)二维离散型随机变量 (X, Y) 的联合分布律为 $P\{X = x_i, Y = y_j\} = p_{ij}$，$i, j = 1, 2, \cdots$，则 Z 的数学期望为

$$E(Z) = \sum_{i=1}^{\infty} \sum_{j=1}^{\infty} g(x_i, y_j) p_{ij}$$

(2)二维连续型随机变量 (X, Y) 的概率密度为 $f(x, y)$，则 Z 的数学期望为

$$E(Z) = \int_{-\infty}^{+\infty} \int_{-\infty}^{+\infty} g(x, y)f(x, y)\,\mathrm{d}x\mathrm{d}y$$

7. 协方差

$$\mathrm{Cov}(X, Y) = E\{[X - E(X)][Y - E(Y)]\} = E(XY) - E(X)E(Y)$$

8. 相关系数

$$\rho_{XY} = \frac{\mathrm{Cov}(X, Y)}{\sqrt{D(X)D(Y)}} [D(X) \neq 0, D(Y) \neq 0]$$

【训练与提高】

§1 数学期望

一、填空题

1. 设随机变量 X 的分布律如下表所示.

X	-2	0	2
P	0.2	0.3	0.5

则 $E(X) = $ _____，$E(X^2) = $ _____，$E(3X^2 - 1) = $ _____.

2. 随机变量 X 的概率密度为

$$f(x) = \begin{cases} \mathrm{e}^{-x}, & x > 0 \\ 0, & x \leq 0 \end{cases}$$

设 $Y = 2X - 1$，$Z = \mathrm{e}^{-2X} + X$，则 $E(Y) = $ _____，$E(Z) = $ _____.

3. 设二维随机变量 (X, Y) 的分布律如下表所示.

Y	X			
	1	2	3	
−1	0.2	0.1	0	
0	0.1	0	0.3	
1/3	0.1	0.1	0.1	

(1) 将二维随机变量 (X, Y) 关于 X, Y 的边缘分布律分别填入上表中;

(2) $E(X) = $ _____, $E(Y) = $ _____ ;

(3) $E(2X - 3Y + 1) = $ _____ ;

(4) $E(XY) = $ _____ .

二、计算题

1. 设随机变量 X 的概率密度为 $f(x) = \begin{cases} 2(1-x), & 0 < x < 1 \\ 0, & \text{其他} \end{cases}$,求 $E(X)$.

2. 设随机变量 X 的概率密度为
$$f(x) = \begin{cases} ax, & 0 < x < 2 \\ cx + b, & 2 \leq x \leq 4 \\ 0, & \text{其他} \end{cases}$$
已知 $E(X) = 2$, $P\{1 < X < 3\} = \dfrac{3}{4}$, 求:

(1) a, b, c 的值;
(2) 随机变量 $Y = e^X$ 的数学期望.

3. 设随机变量 X, Y 的概率密度分别为
$$f_X(x) = \begin{cases} e^{5-x}, & x > 5 \\ 0, & x \leq 5 \end{cases}, \quad f_Y(y) = \begin{cases} 4e^{-4y}, & y > 0 \\ 0, & y \leq 0 \end{cases}$$

(1) 求 $E(X + Y)$;
(2) 求 $E(2X - 3Y^2 + 1)$;
(3) 设 X 与 Y 相互独立, 试求 $E\left(4XY + \dfrac{1}{2}\right)$.

§2 方差　§3 协方差及相关系数

A 组

一、填空题

1. 已知 X 的分布律如下表所示．

X	-2	0	2
P	0.4	0.3	0.3

用方差的定义计算 $D(X) =$ ＿＿＿＿．

2. 随机变量 X 的概率密度为
$$f(x) = \begin{cases} 2(1-x), & 0 < x < 1 \\ 0, & 其他 \end{cases}$$
则方差 $D(X) =$ ＿＿＿＿．

3. 设 $X \sim N(\mu, \sigma^2)$，则 $E(X) =$ ＿＿＿＿；$D(X) =$ ＿＿＿＿．
设 $X \sim B(n, p)$，则 $E(X) =$ ＿＿＿＿；$D(X) =$ ＿＿＿＿．
设 $X \sim P(\lambda)$，则 $E(X) =$ ＿＿＿＿；$D(X) =$ ＿＿＿＿．

4. 设随机变量 X 在区间 $[-1, 2]$ 上服从均匀分布，随机变量
$$Y = \begin{cases} 1, & X > 0 \\ 0, & X = 0 \\ -1, & X < 0 \end{cases}$$
则方差 $D(Y) =$ ＿＿＿＿．

5. 设 X, Y 为随机变量，则 $D(2X - 3Y) =$ ＿＿＿＿；若 X, Y 相互独立，则 $D(2X - 3Y) =$ ＿＿＿＿．

6. 设 $E(X) = 3$，$E(Y) = -2$，$D(X) = 9$，则 $E(X^2 + 3Y - 5) =$ ＿＿＿＿．

7. 设 X 表示 10 次独立重复射击命中目标的次数，每次射击命中目标的概率为 0.4，则 X^2 的数学期望 $E(X^2) =$ ＿＿＿＿．

8. 设 $(X, Y) \sim N(\mu_1, \mu_2, \sigma_1^2, \sigma_2^2, \rho)$，且 X, Y 相互独立，则 X, Y 的相关系数为＿＿＿＿．

9. 已知连续型随机变量 X 的概率密度为 $f(x) = \dfrac{1}{\sqrt{\pi}} e^{-x^2 + 2x - 1}$，则 $E(X) =$ ＿＿＿＿，$D(X) =$ ＿＿＿＿．

10. 设随机变量 X, Y 相互独立，且 X 服从均值为 1，标准差为 $\sqrt{2}$ 的正态分布，而 Y 服从标准正态分布，则随机变量 $Z = 2X - Y + 3 \sim N(\text{＿＿＿}, \text{＿＿＿})$．

11. 设二维随机变量 (X, Y) 在区域 $D: 0 < x < 1, |y| < x$ 内服从均匀分布，设随机变量 $Z = 2X + 1$，则方差 $D(Z) =$ ＿＿＿＿．

12. 设 $X \sim N(1, 9)$，$Y \sim N(0, 16)$，$\rho_{XY} = -\dfrac{1}{2}$，则 $D(X + Y) = $ _____.

13. 设随机变量 X，Y 的相关系数为 0.9，若 $Z = X - 0.4$，则 Y 与 Z 的相关系数为 _____.

二、计算题

1. 一台设备由三个部件组成，在设备运转过程中各部件需要调整的概率相应为 0.1、0.2 和 0.3. 假设各部件的状态相互独立，以 X 表示同时需要调整的部件数. 试求 X 的数学期望 $E(X)$ 和方差 $D(X)$.

2. 设二维随机变量 (X, Y) 的概率密度为
$$f(x, y) = \begin{cases} 8xy, & 0 < x < 1, \ 0 < y < x \\ 0, & 其他 \end{cases}$$
试求 $E(X)$，$D(X)$，$E(Y)$，$D(Y)$.

3. 设二维随机变量 (X, Y) 的联合分布律如下表所示.

Y	X			
	-1	0	1	2
-1	$\frac{1}{16}$	$\frac{1}{8}$	0	$\frac{1}{16}$
0	$\frac{1}{8}$	$\frac{1}{16}$	$\frac{1}{16}$	0
1	$\frac{3}{8}$	0	0	$\frac{1}{8}$

(1) 求 $E(X)$, $D(X)$, $E(XY)$;
(2) 问 X, Y 是否相互独立, 是否不相关, 为什么?

4. 二维随机变量 (X, Y) 在单位圆面 $x^2 + y^2 \leq 1$ 上服从均匀分布,
(1) 写出 (X, Y) 的概率密度;
(2) 求 X, Y 的相关系数 ρ_{XY};
(3) 问 X, Y 是否相互独立, 是否不相关, 为什么?

5. 设二维随机变量 (X, Y) 的概率密度为
$$f(x, y) = \begin{cases} \dfrac{1}{8}(x+y), & 0 \leqslant x \leqslant 2, \ 0 \leqslant y \leqslant 2 \\ 0, & \text{其他} \end{cases}$$
求 ρ_{XY}.

6. 已知随机变量 X, Y 分别服从正态分布 $N(1, 3^2)$ 和 $N(0, 4^2)$，且 X, Y 的相关系数 $\rho_{XY} = -\dfrac{1}{2}$，设 $Z = \dfrac{X}{3} + \dfrac{Y}{2}$.

(1) 求 Z 的数学期望 $E(Z)$ 和方差 $D(Z)$；

(2) 求 X, Z 的相关系数 ρ_{XZ}.

B 组

一、填空题

随机试验 E 有 3 种两两不相容的结果 A_1，A_2，A_3，且 3 种结果发生的概率均为 $\dfrac{1}{3}$，将随机试验 E 独立重复做 2 次，X 表示 2 次试验中 A_1 发生的次数，Y 表示 2 次试验中 A_2 发生的次数，则随机变量 X 和 Y 的相关系数为_____.

二、计算题

1. 设 X，Y，Z 为 3 个随机变量，且 $E(X) = E(Y) = 1$，$E(Z) = -1$，$D(X) = D(Y) = D(Z) = 1$，$\rho_{XY} = 0$，$\rho_{XZ} = \dfrac{1}{2}$，$\rho_{YZ} = -\dfrac{1}{2}$，求 $E(X+Y+Z)$，$D(X+Y+Z)$.

2. 设 A，B 为随机事件，且 $P(A) = \dfrac{1}{4}$，$P(B|A) = \dfrac{1}{3}$，$P(A|B) = \dfrac{1}{2}$，令

$$X = \begin{cases} 1, & A \text{ 发生} \\ 0, & A \text{ 不发生} \end{cases}, \quad Y = \begin{cases} 1, & B \text{ 发生} \\ 0, & B \text{ 不发生} \end{cases}$$

求：(1) 二维随机变量 (X, Y) 的联合分布律；

(2) X 和 Y 的相关系数；

(3) $Z = X^2 + Y^2$ 的分布律．

授课章节	第五章　大数定律与中心极限定理
教学基本要求	1. 理解切比雪夫大数定律和伯努利大数定律； 2. 理解林德伯格-列维定理和棣莫弗-拉普拉斯定理两个中心极限定理

【知识要点】

1. 切比雪夫不等式

对于任意 $\varepsilon > 0$，有

$$P\{|X - E(X)| \geq \varepsilon\} \leq \frac{D(X)}{\varepsilon^2} \text{ 或 } P\{|X - E(X)| < \varepsilon\} \geq 1 - \frac{D(X)}{\varepsilon^2}$$

3σ 原则：设 $X \sim N(\mu, \sigma^2)$，取 $\varepsilon = 3\sigma$，则

$$P\{|X - \mu| < 3\sigma\} = P\{\mu - 3\sigma < X < \mu + 3\sigma\} \geq 1 - \frac{\sigma^2}{9\sigma^2} = \frac{8}{9}$$

2. 切比雪夫大数定律

如果 $\{X_n\}$ 是两两不相关（相关系数为零）的随机变量序列，其中每个随机变量的方差存在，且有公共上界，即存在常数 $C > 0$，使 $D(X_i) \leq C (i = 1, 2, \cdots)$，则对于任意 $\varepsilon > 0$，有

$$\lim_{n \to \infty} P\left\{ \left| \frac{1}{n} \sum_{i=1}^{n} X_i - E\left(\frac{1}{n} \sum_{i=1}^{n} X_i \right) \right| < \varepsilon \right\} = 1$$

3. 伯努利大数定律

设 μ_n 表示 n 次独立重复伯努利试验中事件 A 发生的次数，$P(A) = p$，则对于任意 $\varepsilon > 0$，有

$$\lim_{n \to \infty} P\left\{ \left| \frac{\mu_n}{n} - p \right| < \varepsilon \right\} = 1$$

4. 林德伯格-列维定理（独立同分布的中心极限定理）

设随机变量序列 $X_1, X_2, \cdots, X_n, \cdots$ 独立同分布，且有相同的数学期望 μ 和方差 σ^2，则对于任意实数 x，有

$$\lim_{n \to \infty} P\left\{ \frac{1}{\sigma\sqrt{n}} \left(\sum_{i=1}^{n} X_i - n\mu \right) \leq x \right\} = \frac{1}{\sqrt{2\pi}} \int_{-\infty}^{x} e^{-\frac{t^2}{2}} dt = \Phi(x)$$

5. 棣莫弗-拉普拉斯定理

设在 n 重伯努利试验中，记 μ_n 为在 n 次试验中事件 A 发生的次数，$p(0 < p < 1)$ 为事件 A 在每次试验中发生的概率，则对于任意实数 x，有

$$\lim_{n \to \infty} P\left\{ \frac{\mu_n - np}{\sqrt{np(1-p)}} \leq x \right\} = \frac{1}{\sqrt{2\pi}} \int_{-\infty}^{x} e^{-\frac{t^2}{2}} dt = \Phi(x)$$

【训练与提高】

A 组

一、填空题

1. 假设随机变量 X 的分布未知,但知 $E(X)=\mu$,$D(X)=\sigma^2$,由切比雪夫不等式知 $P\{|X-\mu|<3\sigma\}=P\{\mu-3\sigma<X<\mu+3\sigma\}\geqslant$ _____;特别地,设 $X\sim N(\mu,\sigma^2)$,则查标准正态分布表可得 $P\{|X-\mu|<3\sigma\}=$ _____.

2. 设随机变量 X 的方差为 2,则根据切比雪夫不等式,有 $P\{|X-E(X)|\geqslant 2\}\leqslant$ _____.

3. 设随机变量 X 和 Y 的数学期望分别为 -2 和 2,方差分别为 1 和 4,而相关系数为 -0.5,则根据切比雪夫不等式,有 $P\{|X+Y|\geqslant 6\}\leqslant$ _____.

4. 在每次试验中,事件 A 发生的概率为 0.5. 利用切比雪夫不等式估计:在 1 000 次独立试验中,事件 A 发生的次数在 450~550 次之间的概率为_____.

5. 设总体 X 服从参数为 2 的指数分布,$X_1,X_2,\cdots,X_n$ 为来自总体 X 的简单随机样本,则当 $n\to\infty$ 时,$Y_n=\dfrac{1}{n}\sum_{i=1}^{n}X_i^2$ 依概率收敛于_____.

6. 随机变量 $X_1,X_2,\cdots,X_n(n\geqslant 1)$ 相互独立,且都在 $[-1,1]$ 上服从均匀分布,则

$$\lim_{n\to\infty}P\left\{\dfrac{\sum_{i=1}^{n}X_i}{\sqrt{n}}\leqslant 1\right\}=$$ _____.[结果用标准正态分布函数 $\Phi(x)$ 表示].

二、选择题

随机变量 $X_1,X_2,\cdots,X_n$ 相互独立,$S_n=X_1+X_2+\cdots+X_n$,则根据林德伯格-列维定理,当 n 充分大时,S_n 近似服从正态分布,只要 $X_1,X_2,\cdots,X_n$(　　).

(A)有相同的数学期望　　　　　　(B)有相同的方差
(C)服从同一指数分布　　　　　　(D)服从同一离散型分布

三、计算题

1. 设随机变量 $X_1,X_2,\cdots,X_{50}$ 相互独立且都服从参数 $p=0.5$ 的(0—1)分布($i=1,2,\cdots,50$). 记 $Y=\sum_{i=1}^{50}X_i$,试用中心极限定理近似计算 $P\{Y>25\}$.

2. 据以往经验,某种元件的寿命服从均值为 100 h 的指数分布. 现随机地取 16 只元件,设它们的寿命是相互独立的. 试用中心极限定理求这 16 只元件寿命的总和大于 1 920 h 的概率.

3. 每次射击时,命中目标的炮弹数的数学期望为 2,标准差为 1.5,利用中心极限定理,求在 100 次射击中,有 180~220 发炮弹命中目标的概率.

B 组

一、选择题

1. 设随机变量 X_1，X_2，$\cdots$，X_n 独立同分布，且 X_1 的 4 阶矩存在，设 $\mu_k = E(X_1^k)$（$k = 1$，2，3，4），则由切比雪夫不等式，$\forall \varepsilon > 0$，有 $P\left\{\left|\dfrac{1}{n}\sum\limits_{i=1}^{n} X_i^2 - \mu_2\right| \geq \varepsilon\right\} \leq $（　　）.

(A) $\dfrac{\mu_4 - \mu_2^2}{n\varepsilon^2}$ 　　　　　　　　　　(B) $\dfrac{\mu_4 - \mu_2^2}{\sqrt{n}\varepsilon^2}$

(C) $\dfrac{\mu_2 - \mu_1^2}{n\varepsilon^2}$ 　　　　　　　　　　(D) $\dfrac{\mu_2 - \mu_1^2}{\sqrt{n}\varepsilon^2}$

2. 设 X_1，X_2，$\cdots$，X_n 为来自总体 X 的简单随机样本，其中 $P\{X = 0\} = P\{X = 1\} = \dfrac{1}{2}$，$\Phi(x)$ 表示标准正态分布函数，则利用中心极限定理可得 $P\left(\sum\limits_{i=1}^{100} X_i \leq 55\right)$ 的近似值为（　　）.

(A) $1 - \Phi(1)$ 　　　　　　　　　　(B) $\Phi(1)$
(C) $1 - \Phi(0.2)$ 　　　　　　　　　(D) $\Phi(0.2)$

二、计算题

当掷一枚均匀硬币时，问至少应掷多少次才能保证正面出现的频率在 0.4~0.6 之间的概率不小于 0.9？试用切比雪夫不等式和中心极限定理分别求解.

授课章节	第六章　数理统计的基本概念
教学基本要求	1. 理解总体、个体、样本和统计量的概念； 2. 掌握样本均值、样本方差的计算； 3. 理解χ^2分布、t分布、F分布的定义，以及正态总体的某些常用统计量的分布

【知识要点】

1. 常见统计量

样本均值：$\bar{X} = \dfrac{1}{n}\sum\limits_{i=1}^{n}X_i$.

样本方差：$S^2 = \dfrac{1}{n-1}\sum\limits_{i=1}^{n}(X_i - \bar{X})^2 = \dfrac{1}{n-1}\left(\sum\limits_{i=1}^{n}X_i^2 - n\bar{X}^2\right)$.

样本 k 阶（原点）矩：$A_k = \dfrac{1}{n}\sum\limits_{i=1}^{n}X_i^k$.

2. 常见统计量的数字特征

$$E(\bar{X}) = E(X),\ D(\bar{X}) = \dfrac{D(X)}{n},\ E(S^2) = D(X)$$

3. 常见正态总体的抽样分布

1) χ^2 分布

(1) 若 $X_1, X_2, \cdots, X_n$ 相互独立，且 $X_i \sim N(0, 1)(i = 1, 2, \cdots, n)$，则 $\sum\limits_{i=1}^{n}X_i^2 \sim \chi^2(n)$.

(2) $E(\chi^2) = n$，$D(\chi^2) = 2n$.

(3) 如果 $X \sim \chi^2(n_1)$ 与 $Y \sim \chi^2(n_2)$ 相互独立，则 $X + Y \sim \chi^2(n_1 + n_2)$.

(4) χ^2 上 α 分位点为 $\chi^2_\alpha(n)$，有 $P\{\chi^2 > \chi^2_\alpha(n)\} = \alpha$.

2) t 分布

(1) 若 $X \sim N(0, 1)$ 与 $Y \sim \chi^2(n)$ 相互独立，则 $\dfrac{X}{\sqrt{Y/n}} \sim t(n)$.

(2) t 分布上 α 分位点为 $t_\alpha(n)$，有 $P\{t > t_\alpha(n)\} = \alpha$.

3) F 分布

(1) 若 $X \sim \chi^2(n_1)$ 与 $Y \sim \chi^2(n_2)$ 相互独立，则 $F = \dfrac{X/n_1}{Y/n_2} \sim F(n_1, n_2)$.

(2) F 分布上 α 分位点为 $F_\alpha(n_1, n_2)$，有 $P\{F > F_\alpha(n_1, n_2)\} = \alpha$，且
$$F_\alpha(n_1, n_2) = 1/F_{1-\alpha}(n_2, n_1)$$

4. 正态总体 $N(\mu, \sigma^2)$ 统计量的分布

$$\overline{X} \sim N\left(\mu, \frac{\sigma^2}{n}\right), \frac{\overline{X} - \mu}{\sigma/\sqrt{n}} \sim N(0, 1),$$

$$\frac{(n-1)S^2}{\sigma^2} \sim \chi^2(n-1), \frac{\overline{X} - \mu}{S/\sqrt{n}} \sim t(n-1).$$

【训练与提高】

A 组

一、填空题

1. 总体 X 的概率密度为

$$f(x) = \begin{cases} \lambda e^{-\lambda x}, & x \geq 0 \\ 0, & x < 0 \end{cases} (\lambda > 0)$$

设 $X_1, X_2, \cdots, X_n$ 是来自总体 X 的简单随机样本，则 $X_1, X_2, \cdots, X_n$ 的联合概率密度为 _____.

2. 设总体 X 服从二项分布 $B(n, p)$，其中 n 已知，p 未知. X_1, X_2, X_3, X_4, X_5 是来自总体 X 的简单随机样本，则下列各量：

(1) $\frac{1}{5}\sum_{i=1}^{5} X_i$，(2) $\min_{1 \leq i \leq 5}\{X_i\}$，(3) $\left(\sum_{i=1}^{5} X_i - np\right)^2$，(4) $X_1 + 5p$，(5) $\frac{1}{2}(X_1 + X_2)$

中是统计量的有 _____.

3. 设 $X_1, X_2, \cdots, X_n$ 是来自正态总体 $N(\mu, \sigma^2)(\sigma > 0)$ 的简单随机样本，记统计量 $T = \frac{1}{n}\sum_{i=1}^{n} X_i^2$，则 $E(T) =$ _____.

4. 设总体 X 的概率密度为

$$f(x; \theta) = \begin{cases} \dfrac{2x}{3\theta^2}, & \theta < x < 2\theta \\ 0, & 其他 \end{cases}$$

其中，θ 是未知参数. 若 $X_1, X_2, \cdots, X_n$ 是来自总体 X 的简单随机样本，且 $E\left(c\sum_{i=1}^{n} X_i^2\right) = \theta^2$，则 $c =$ _____.

5. 设 $X \sim N(\mu, \sigma^2)$，$Y \sim \chi^2(10)$，且 X 与 Y 相互独立，则 $\dfrac{X - \mu}{\sigma} \sim$ _____；$\dfrac{X - \mu}{\sigma}\Big/\sqrt{\dfrac{Y}{10}} \sim$ _____.

6. 设总体 $X \sim N(\mu, \sigma^2)$，$X_1, X_2, \cdots, X_n$ 是来自总体 X 的简单随机样本，样本均值为 $\overline{X}$，样本方差为 S^2，则 $\dfrac{X_i - \mu}{\sigma} \sim$ _____；$\sum_{i=1}^{n}\left(\dfrac{X_i - \mu}{\sigma}\right)^2 \sim$ _____；$\dfrac{(n-1)S^2}{\sigma^2}$

$= \sum_{i=1}^{n} \left(\frac{X_i - \overline{X}}{\sigma} \right)^2 \sim$ _____.

二、选择题

1. 设 $X \sim N(\mu, \sigma^2)$，$X_1, X_2, \cdots, X_n$ 是来自总体 X 的简单随机样本，$\overline{X}$ 为样本均值，则（   ）.

(A) $\dfrac{1}{n} \sum_{i=1}^{n} (X_i - \overline{X})^2 \sim \chi^2(n-1)$ (B) $\dfrac{1}{\sigma^2} \sum_{i=1}^{n} (X_i - \overline{X})^2 \sim \chi^2(n-1)$

(C) $\dfrac{1}{n-1} \sum_{i=1}^{n} (X_i - \overline{X})^2 \sim \chi^2(n-1)$ (D) $\dfrac{1}{\sigma^2} \sum_{i=1}^{n} (X_i - \overline{X})^2 \sim \chi^2(n)$

2. 设 $X_1, X_2, \cdots, X_n (n \geq 2)$ 是来自正态总体 $N(0, 1)$ 的简单随机样本，$\overline{X}$ 为样本均值，S^2 为样本方差，则（   ）.

(A) $n\overline{X} \sim N(0, 1)$ (B) $nS^2 \sim \chi^2(n)$

(C) $\dfrac{(n-1)\overline{X}}{S} \sim t(n-1)$ (D) $\dfrac{(n-1)X_1^2}{\sum_{i=2}^{n} X_i^2} \sim F(1, n-1)$

3. 设随机变量 X 和 Y 都服从标准正态分布，则（   ）.

(A) $X + Y$ 服从正态分布   (B) $X^2 + Y^2$ 服从 χ^2 分布

(C) X^2 和 Y^2 都服从 χ^2 分布   (D) X^2 / Y^2 服从 F 分布

4. 已知 $X \sim t(n)(n > 1)$，且 $Y = X^2$，则（   ）.

(A) $Y \sim \chi^2(n)$ (B) $Y \sim \chi^2(n-1)$

(C) $Y \sim F(n, 1)$ (D) $Y \sim F(1, n)$

5. 设 X_1, X_2, X_3 是来自正态总体 $N(0, \sigma^2)$ 的简单随机样本，则统计量 $S = \dfrac{X_1 - X_2}{\sqrt{2} |X_3|}$ 服从的分布是（   ）.

(A) $F(1, 1)$ (B) $F(2, 1)$

(C) $t(1)$ (D) $t(2)$

三、计算题

1. 设 $X \sim P(\lambda)$（参数为 λ 的泊松分布），$X_1, X_2, \cdots, X_n$ 是来自总体 X 的简单随机样本，$\overline{X}$ 为样本均值，求：

(1) $X_1, X_2, \cdots, X_n$ 的联合分布律；

(2) $E(\overline{X})$，$D(\overline{X})$.

2. 设总体 $X \sim B(1, p)$，$X_1, X_2, \cdots, X_n$ 是来自总体 X 的简单随机样本，$\bar{X}$ 和 S^2 分别为样本均值和样本方差，计算 $E(\bar{X})$，$D(\bar{X})$ 和 $E(S^2)$.

3. 设总体 X 的概率密度为
$$f(x) = \begin{cases} |x|, & |x| < 1 \\ 0, & 其他 \end{cases}$$
$\bar{X}$ 与 S^2 分别为样本均值和样本方差，样本容量为 n，求 $E(\bar{X})$ 和 $E(S^2)$.

4. 设 X_1，X_2，X_3，X_4，X_5，X_6 是来自正态总体 $N(0, 1)$ 的简单随机样本，试确定常数 C，使随机变量

$$Y = C[(X_1 + X_2 + X_3)^2 + (X_4 + X_5 + X_6)^2]$$

服从 χ^2 分布，并求其自由度．

B 组

一、选择题

设 X_1，X_2，$\cdots$，X_n 是来自正态总体 $N(\mu_1, \sigma^2)$ 的简单随机样本，Y_1，Y_2，$\cdots$，Y_m 是来自正态总体 $N(\mu_2, 2\sigma^2)$ 的简单随机样本，且两样本相互独立，记 $\overline{X} = \frac{1}{n}\sum_{i=1}^{n} X_i$，$\overline{Y} = \frac{1}{m}\sum_{i=1}^{m} Y_i$，$S_1^2 = \frac{1}{n-1}\sum_{i=1}^{n}(X_i - \overline{X})^2$，$S_2^2 = \frac{1}{m-1}\sum_{i=1}^{m}(Y_i - \overline{Y})^2$，则（　　）．

(A) $\dfrac{S_1^2}{S_2^2} \sim F(n, m)$ 　　　　(B) $\dfrac{S_1^2}{S_2^2} \sim F(n-1, m-1)$

(C) $\dfrac{2S_1^2}{S_2^2} \sim F(n, m)$ 　　　　(D) $\dfrac{2S_1^2}{S_2^2} \sim F(n-1, m-1)$

二、解答题

1. 设随机变量 X 和 Y 相互独立，都服从 $N(0, 3^2)$，而 $X_1, X_2, \cdots, X_9$ 和 $Y_1, Y_2, \cdots, Y_9$ 分别是来自总体 X 和 Y 的简单随机样本，则统计量

$$U = \frac{X_1 + X_2 + \cdots + X_9}{\sqrt{Y_1^2 + Y_2^2 + \cdots + Y_9^2}}$$

服从什么分布？并求其自由度．

2. 设 $X_1, X_2, \cdots, X_{n+1}$ 是来自正态总体 $N(\mu, \sigma^2)$ 的样本，$\overline{X} = \frac{1}{n}\sum_{i=1}^{n} X_i$，$S^2 = \frac{1}{n-1}\sum_{i=1}^{n}(X - \overline{X})^2$，证明：$T = \frac{X_{n+1} - \overline{X}}{S}\sqrt{\frac{n}{n+1}} \sim t(n-1)$．

3. 已知 X_1, X_2, X_3 相互独立，且都服从 $N(0, \sigma^2)$，证明：
$$\sqrt{\frac{2}{3}}\frac{X_1 + X_2 + X_3}{|X_2 - X_3|} \sim t(1)$$

授课章节	第七章　参数估计
教学基本要求	1. 理解矩估计法的思想，掌握用矩估计法估计总体分布中的一个未知参数； 2. 理解最大似然估计法的思想，掌握用最大似然估计法估计总体分布中的一个未知参数； 3. 掌握估计量优良性的评判标准：无偏性与有效性； 4. 掌握单正态总体均值和方差的区间估计(双侧置信区间)

【知识要点】

设总体 X 的分布函数 $F(x;\theta)$ 已知，其中 θ 为待估参数；X_1，X_2，$\cdots$，X_n 是来自总体 X 的简单随机样本，x_1，x_2，$\cdots$，x_n 为样本观察值．

1. 矩估计法

矩估计法：用样本的一阶原点矩 $A_1 = \overline{X}$ 估计总体的一阶原点矩 $E(X)$，解方程 $\overline{X} = E(X)$，解出矩估计量 $\hat{\theta}$．

2. 最大似然估计法的求解步骤

(1) 写出似然函数 $L(\theta)$．

若 X 为离散型随机变量，已知分布律 $P\{X = x;\theta\}$，则似然函数 $L(\theta) = \prod_{i=1}^{n} P\{X_i = x_i;\theta\}$；

若 X 为连续型随机变量，已知概率密度 $f(x;\theta)$，则似然函数 $L(\theta) = \prod_{i=1}^{n} f(x_i;\theta)$．

(2) 取对数 $\ln[L(\theta)]$．

(3) 求导数 $\dfrac{\mathrm{d}}{\mathrm{d}\theta}L(\theta) = 0$．

(4) 解出最大似然估计量 $\hat{\theta}$．

3. 估计量优良性的评判标准

(1) 无偏性：当且仅当 $E(\hat{\theta}) = \theta$，$\hat{\theta}$ 为 θ 的无偏估计量．

(2) 有效性：如果 $E(\hat{\theta}_1) = E(\hat{\theta}_2) = \theta$，且 $D(\hat{\theta}_1) < D(\hat{\theta}_2)$，则 $\hat{\theta}_1$ 较 $\hat{\theta}_2$ 更有效．

4. 单正态总体均值和方差的区间估计

设总体 X 服从正态分布 $N(\mu,\sigma^2)$，其中 μ，σ^2 未知，X_1，X_2，$\cdots$，X_n 是来自总体 X 的简单随机样本，给定置信水平 $1-\alpha$．

(1) σ^2 已知，取 $Z = \dfrac{\overline{X} - \mu}{\sigma/\sqrt{n}} \sim N(0,1)$，则 μ 的置信水平为 $1-\alpha$ 的置信区间为

$$\left(\overline{X} - \dfrac{\sigma}{\sqrt{n}} z_{\alpha/2},\ \overline{X} + \dfrac{\sigma}{\sqrt{n}} z_{\alpha/2}\right)$$

> (2) σ^2 未知, 取 $T = \dfrac{\overline{X} - \mu}{S/\sqrt{n}} \sim t(n-1)$, 则 μ 的置信水平为 $1-\alpha$ 的置信区间为
>
> $$\left(\overline{X} - \dfrac{S}{\sqrt{n}} t_{\alpha/2}(n-1),\ \overline{X} + \dfrac{S}{\sqrt{n}} t_{\alpha/2}(n-1)\right)$$
>
> (3) μ 未知, 取 $\chi^2 = \dfrac{(n-1)S^2}{\sigma^2} \sim \chi^2(n-1)$, 方差 σ^2 的置信水平为 $1-\alpha$ 的置信区间为
>
> $$\left(\dfrac{(n-1)S^2}{\chi^2_{\alpha/2}(n-1)},\ \dfrac{(n-1)S^2}{\chi^2_{1-\alpha/2}(n-1)}\right)$$

【训练与提高】

一、填空题

1. 设总体 X 服从参数为 λ 的泊松分布, $X_1, X_2, \cdots, X_n$ 是来自总体 X 的简单随机样本, 样本观察值为 1、0、1、0、1, 则 λ 的矩估计值为_____.

2. 设 X 服从参数为 θ 的指数分布, $X_1, X_2, \cdots, X_n$ 是来自总体 X 的简单随机样本, 则 θ 的矩估计量为_____.

3. 设总体 $X \sim N(\mu, \sigma^2)$, 其中 μ, σ^2 未知, $X_1, X_2, \cdots, X_n$ 是来自总体 X 的简单随机样本.

(1) 若 σ^2 已知 (μ 是未知参数), 则 $Z = \dfrac{\overline{X} - \mu}{\sigma/\sqrt{n}} \sim $ _____; $P\{|Z| < z_{\alpha/2}\} = $ _____; 故 μ 的置信水平为 $1-\alpha$ 的置信区间为_____.

(2) 若 σ^2 未知 (μ 是未知参数), 则 $T = \dfrac{\overline{X} - \mu}{S/\sqrt{n}} \sim$ _____; $P\{|t| < t_{\alpha/2}(n-1)\} = $ _____; 故 μ 的置信水平为 $1-\alpha$ 的置信区间为_____.

(3) 若 μ 未知 (σ^2 是未知参数), 则 $\chi^2 = \dfrac{(n-1)S^2}{\sigma^2} \sim$ ___; $P\left\{\underline{\quad} < \dfrac{(n-1)S^2}{\sigma^2} < \underline{\quad}\right\} = 1-\alpha$; 故 σ^2 的置信水平为 $1-\alpha$ 的置信区间为_____.

4. 设总体 X 的概率密度为

$$f(x) = \begin{cases} \dfrac{1}{1-\theta}, & \theta \leq x \leq 1 \\ 0, & \text{其他} \end{cases}$$

其中, θ 为未知参数. 若 $X_1, X_2, \cdots, X_n$ 是来自总体 X 的简单随机样本, 则 θ 的矩估计量为_____.

二、选择题

1. 设 $X_1, X_2, \cdots, X_n (n \geq 3)$ 是来自总体 X 的简单随机样本, 下列不是总体期望 $E(X) = \mu$ 的无偏估计量的是( ).

(A) $\bar{X}$　　　　　　　　　　　　　　(B) $X_1 + X_2 + \cdots + X_n$

(C) $0.1(6X_1 + 4X_n)$　　　　　　　　(D) $X_1 + X_2 - X_3$

2. 设 X_1，X_2，X_3 是来自总体 $X \sim N(\mu, \sigma^2)$ 的简单随机样本，则 μ 最有效的估计量是（　　）.

(A) $\dfrac{1}{3}X_1 + \dfrac{1}{3}X_2 + \dfrac{1}{3}X_3$　　　　(B) $\dfrac{1}{4}X_1 + \dfrac{1}{2}X_2 + \dfrac{3}{4}X_3$

(C) $\dfrac{1}{5}X_1 + \dfrac{2}{5}X_2 + \dfrac{2}{5}X_3$　　　　(D) $\dfrac{1}{6}X_1 + \dfrac{2}{3}X_2 + \dfrac{1}{3}X_3$

三、计算题

1. 设总体 X 的分布律如下表所示.

X	0	1	2	3
P	θ^2	$2\theta(1-\theta)$	θ^2	$1-2\theta$

其中，$\theta\left(0 < \theta < \dfrac{1}{2}\right)$ 为未知参数. 对总体 X 进行随机抽样，得到样本观察值 3、1、3、0、3、1、2、3，求：

(1) θ 的矩估计值；

(2) θ 的最大似然估计值.

2. 设总体 X 的概率密度为
$$f(x;\theta)=\begin{cases}\theta x^{\theta-1}, & 0<x<1\\ 0, & \text{其他}\end{cases}$$
其中，$\theta(\theta>0)$ 为未知参数. 若 $X_1, X_2, \cdots, X_n$ 是来自总体 X 的简单随机样本，$x_1, x_2, \cdots, x_n$ 是样本观察值，求 θ 的矩估计量和最大似然估计量.

3. 设总体 X 的概率密度为
$$f(x;\theta)=\begin{cases}\dfrac{1}{\theta}x^{\frac{1-\theta}{\theta}}, & 0<x<1\\ 0, & \text{其他}\end{cases}$$
其中，$\theta(\theta>0)$ 为未知参数. 若 $X_1, X_2, \cdots, X_n$ 是来自总体 X 的简单随机样本，$x_1, x_2, \cdots, x_n$ 为样本观察值，求 θ 的矩估计量和最大似然估计量.

4. 设总体 X 的分布函数为
$$F(x;\theta) = \begin{cases} 0, & x < 1 \\ \theta^2, & 1 \leq x < 2 \\ 2\theta - \theta^2, & 2 \leq x < 3 \\ 1, & x \geq 3 \end{cases}$$

其中，$\theta(0 < \theta < 1)$ 为未知参数. 已知取得样本观察值为 2、3、1、2，试求参数 θ 的矩估计值和最大似然估计值.

5. 设 $X_1, X_2, \cdots, X_n$ 是来自正态总体 $N(\mu, \sigma^2)$ 的简单随机样本，记
$$\overline{X} = \frac{1}{n}\sum_{i=1}^{n} X_i, \quad S^2 = \frac{1}{n-1}\sum_{i=1}^{n}(X_i - \overline{X})^2, \quad T = \overline{X}^2 - \frac{1}{n}S^2$$

证明：T 是 μ^2 的无偏估计量.

6. 假设某个车间生产一种特定型号的螺杆，其直径（单位：mm）服从正态分布 $N(\mu, \sigma^2)$，该正态分布的均值 μ（即螺杆直径的均值）未知，但总体标准差 $\sigma = 0.3$ 是确定的．现从该车间随机抽取 5 个螺杆，测得直径分别为

$$22.3,\ 21.5,\ 22.0,\ 21.8,\ 21.4$$

求螺杆直径的均值 μ 的置信水平为 0.95 的置信区间．

7. 研究人员要对某种岩石的密度进行测量，任何测量过程都存在误差，设此岩石密度的测量误差 $X \sim N(\mu, \sigma^2)$，其中 μ，σ^2 均未知，现取 12 个样本，分析得到样本方差的观察值 $S^2 = 0.04$，求总体方差 σ^2 的置信水平为 0.9 的置信区间．

8. 一家制造公司正在对其生产的某种关键机械零件的长度(单位:m)进行质量控制检查. 设此零件的测量长度服从正态分布 $N(\mu, \sigma^2)$,其中 μ, σ^2 未知,现从生产线上随机抽取 6 个零件,测得长度分别为

$$6.67, \ 6.70, \ 6.69, \ 6.78, \ 6.72, \ 6.76$$

求零件长度的均值 μ 的置信水平为 0.9 的置信区间.

9. 随机地取某种炮弹 9 发做试验,测得炮弹的炮口速度的样本标准差为 11 m/s,设炮口速度服从正态分布 $N(\mu, \sigma^2)$,求这种炮弹的炮口速度的标准差 σ 的置信水平为 0.95 的置信区间.

授课章节	第八章　假设检验
教学基本要求	1. 理解假设检验的基本思想； 2. 掌握单正态总体均值与方差的双边假设检验

【知识要点】

设总体 X 服从正态分布 $N(\mu, \sigma^2)$，$X_1, X_2, \cdots, X_n$ 是来自总体 X 的简单随机样本，$x_1, x_2, \cdots, x_n$ 是样本观察值．假设检验的基本步骤如下：

(1) 提出原假设 H_0 和备择假设 H_1；

(2) 选取检验统计量 K；

(3) 给定显著性水平 α，查表找临界值 λ，给出拒绝域；

(4) 比较 K 与 λ，判断是否接受 H_0．

单正态总体均值与方差的假设检验方法如下表所示．

条件	原假设	检验统计量	分布	拒绝域
σ^2 已知	$\mu = \mu_0$	$Z = \dfrac{\overline{X} - \mu_0}{\sigma/\sqrt{n}}$	$N(0, 1)$	$\lvert z \rvert \geq z_{\alpha/2}$
σ^2 未知	$\mu = \mu_0$	$T = \dfrac{\overline{X} - \mu_0}{S/\sqrt{n}}$	$t(n-1)$	$\lvert t \rvert \geq t_{\alpha/2}$
μ 未知	$\sigma^2 = \sigma_0^2$	$\chi^2 = \dfrac{(n-1)S^2}{\sigma^2}$	$\chi^2(n-1)$	$\chi^2 \geq \chi^2_{\alpha/2}(n-1)$ 或 $\chi^2 \leq \chi^2_{1-\alpha/2}(n-1)$

【训练与提高】

一、填空题

1. 所谓 Z 检验是指：总体 $X \sim N(\mu, \sigma^2)$，σ^2 已知；检验原假设 $H_0: \mu = \mu_0$，备择假设 $H_1: \mu \neq \mu_0$；则检验统计量为 $Z = \dfrac{\overline{X} - \mu_0}{\sigma/\sqrt{n}} \sim $ _____；给定显著性水平 α，拒绝域为 _____．

2. 所谓 T 检验是指：总体 $X \sim N(\mu, \sigma^2)$，σ^2 未知；检验原假设 $H_0: \mu = \mu_0$，备择假设 $H_1: \mu \neq \mu_0$；则检验统计量为 $T = \dfrac{\overline{X} - \mu_0}{S/\sqrt{n}} \sim $ _____；给定显著性水平 α，拒绝域为 _____．

3. 所谓 χ^2 检验是指：总体 $X \sim N(\mu, \sigma^2)$，μ 未知；检验原假设 $H_0: \sigma^2 = \sigma_0^2$，备择假设 $H_1: \sigma \neq \sigma_0^2$；则检验统计量 $\chi^2 = \dfrac{(n-1)S^2}{\sigma^2} \sim $ _____；给定显著性水平 α，拒绝域为 _____．

二、计算题

1. 根据以往的资料分析，某炼铁厂铁水的含碳量服从正态分布 $N(3.90, 0.098^2)$，现从更换设备后炼出的铁水中抽出 6 炉，测得含碳量(%)为

$$3.94, 4.00, 4.02, 4.10, 4.13, 3.75$$

根据新设备的性能，估计炼出的铁水含碳量的方差不会有什么变化. 试根据样本观察值判断含碳量的均值是否有显著变化. (显著性水平 $\alpha = 0.01$)

2. 食品厂用自动装罐机装罐头食品，每罐的标准质量(单位：g)为 500，每隔一定时间需要检验机器的工作情况，现从装好的罐头食品中抽取 10 罐，测得其质量分别为

$$495, 510, 505, 498, 503, 492, 502, 512, 497, 506$$

假定质量服从正态分布 $N(\mu, \sigma^2)$，试问机器工作是否正常？(显著性水平 $\alpha = 0.02$)

3. 已知某炼铁厂铁水的含碳量(%)服从正态分布 $N(4.55, 0.108^2)$。现在测定了 9 炉铁水，其平均含碳量为 4.484，如果估计方差没有变化，是否认为现在生产的铁水的平均含碳量仍为 4.55？（显著性水平 $\alpha = 0.05$）

4. 从正态总体 $N(\mu, \sigma^2)$（μ 未知）中随机抽出容量为 8 的样本，得 $\bar{x} = 61$，$\sum_{i=1}^{8}(x_i - 61)^2 = 652.8$，试以显著性水平 $\alpha = 0.05$ 检验假设 $H_0: \sigma^2 = 8^2$。

5. 某批矿砂的 5 个样品中的镍含量(%)，经测定分别为
$$3.25, 3.27, 3.24, 3.26, 3.24$$
设测定值总体服从正态分布 $N(\mu, \sigma^2)$，试问在显著性水平 $\alpha = 0.01$ 下能否接受假设 H_0：这批矿砂的镍含量均值为 3.25.

6. 已知维尼纶的纤度在正常条件下服从正态分布 $N(\mu, 0.048^2)$，在某日生产的维尼纶中抽取 5 根，测得其纤度分别为
$$1.32, 1.55, 1.36, 1.40, 1.44$$
试问这日生产的维尼纶的总体标准差是否正常？（显著性水平 $\alpha = 0.05$）

概率统计(A)模拟试题一

一、填空题(本大题共 5 小题，每小题 3 分，总计 15 分)

1. 发报台分别以概率 0.6 和 0.4 发出信号"•"和"−"，由于通信设备受到干扰，当发出信号"•"时，收报台收到信号"•"和"−"的概率分别为 0.8 和 0.2；而当发出信号"−"时，收报台收到信号"−"和"•"的概率分别为 0.9 和 0.1. 当发报台发出信号时，收报台收到"•"的概率为_____．

2. 已知连续型随机变量 X 的概率密度为 $f_X(x) = \begin{cases} 2x, & 0 < x < 1 \\ 0, & 其他 \end{cases}$，令 $Y = 2X - 1$，则 Y 的概率密度 $f_Y(y) = $_____．

3. 设随机变量 X 服从参数为 λ 的泊松分布，且 $P\{X=1\} = P\{X=2\}$，则 $E(X^2) = $_____．

4. 设总体 X 服从区间 $(1, \theta)$ 内的均匀分布，$\theta > 0$ 为未知参数，已知 1、2、3、2、2 是来自该总体的 5 个样本观察值，则 θ 的矩估计值为_____．

5. 设随机变量 X 的方差为 3，数学期望 $E(X)$ 存在，则根据切比雪夫不等式，有 $P\{|X - E(X)| \geq 4\} \leq $_____．

二、选择题(本大题共 5 小题，每小题 3 分，总计 15 分)

1. 设 X_1, X_2, X_3 是来自总体 X 的简单随机样本，记 $E(X) = \mu$，若 $\hat{\mu} = \dfrac{1}{2}X_1 - aX_2 + 4aX_3$ 是 μ 的无偏估计量，则常数 $a = ($ $)$.

(A) $\dfrac{1}{6}$ (B) $\dfrac{1}{4}$

(C) $\dfrac{1}{3}$ (D) $\dfrac{1}{2}$

2. 设 X 与 Y 的方差存在且不等于 0，若 $E(XY) = E(X)E(Y)$，则有( ).

(A) X 与 Y 不相互独立 (B) $D(XY) = D(X)D(Y)$
(C) X 与 Y 相互独立   (D) $D(X-Y) = D(X) + D(Y)$

3. 设随机变量 X 和 Y 相互独立，且 $X \sim N(0, 4)$，$Y \sim N(1, 2)$，则下列结论正确的是( ).

(A) $\dfrac{1}{2}(X+Y) \sim N\left(\dfrac{1}{2}, 3\right)$ (B) $X - Y \sim N(-1, 2)$

(C) $X - 2Y \sim N(-2, 12)$ (D) $2X - Y \sim N(-1, 14)$

4. 设 $P(A) = 0.8$, $P(B) = 0.7$, $P(A \cup B) = 0.94$, 则下列结论正确的是( ).

(A) 事件 A 与 B 相互独立 (B) 事件 A 与 B 互斥

(C) $B \subset A$ (D) $P(A - B) = P(A) - P(B)$

5. 已知随机变量 X 的分布律为 $P\{X = k\} = ck$, $k = 1, 2, 3$, 则 c 为( ).

(A) $\dfrac{1}{4}$ (B) $\dfrac{1}{6}$

(C) $\dfrac{1}{3}$ (D) $\dfrac{1}{2}$

三、计算题(本大题共 9 小题,除第 7 题 6 分外,其余每小题 8 分,总计 70 分)

1. 设随机变量 X 和 Y 的概率密度分别为

$$f_X(x) = \begin{cases} \dfrac{x}{2}, & 0 < x < 2 \\ 0, & \text{其他} \end{cases}, \quad f_Y(y) = \begin{cases} \dfrac{1}{2}, & 0 < y < 2 \\ 0, & \text{其他} \end{cases}$$

已知 X 和 Y 相互独立,求随机变量 $Z = X + Y$ 的概率密度 $f_Z(z)$.

2. 设随机变量 X 的概率密度为 $f(x) = \begin{cases} Ax + B, & 0 < x < 2 \\ 0, & 其他 \end{cases}$，$P\{-0.5 < X < 1\} = \dfrac{1}{3}$，试求：

(1) 常数 A 和 B；

(2) X 的分布函数.

3. 设二维随机变量 (X, Y) 的概率密度为
$$f(x, y) = \begin{cases} 4x, & 0 < x < 1, \ 0 < y < x^2 < 1 \\ 0, & 其他 \end{cases}$$

(1) 求边缘概率密度 $f_X(x)$ 和 $f_Y(y)$；

(2) 判断 X 与 Y 是否相互独立，并说明理由.

4. 一家互联网服务商有 10 个不同的服务器，每个服务器的下载速度独立同分布，已知第 i 个服务器的下载速度 X_i 服从参数为 15 的指数分布，利用中心极限定理计算 10 个服务器的下载速度之和大于 200 的概率．[结果用标准正态分布函数 $\Phi(x)$ 表示，计算过程中如需保留有效数字，则小数点后保留 3 位]

5. 设二维随机变量 (X, Y) 的概率密度为 $f(x, y) = \begin{cases} 2, & 0 < x < y < 1 \\ 0, & 其他 \end{cases}$，求 X 与 Y 的协方差和相关系数．

6. 设总体 X 的分布律如下表所示.

X	1	4	5
P	θ	3θ	$1-4\theta$

其中, $\theta(0 < \theta < 1)$ 是未知参数. 现随机抽取一个容量为 6 的样本, 测得样本观察值为 1、4、5、1、4、1, 求 θ 的最大似然估计值.

7. 设 $X_1, X_2, \cdots, X_9$ 是来自正态总体 $X \sim N(\mu, \sigma^2)$ 的简单随机样本, 并记 $Y_1 = \dfrac{1}{3}\sum_{i=1}^{3} X_i$, $S^2 = \dfrac{1}{2}\sum_{i=1}^{3}(X_i - Y_1)^2$, $Y_2 = \dfrac{1}{6}\sum_{i=4}^{9} X_i$, 已知 $\dfrac{C(Y_1 - Y_2)}{S} \sim t(n)$, 试求常数 C 和 n.

8. 某改良品种的小麦株高 X（单位：cm）服从正态分布 $N(\mu, \sigma^2)$，现随机抽取 12 株，测得样本均值 $\bar{x} = 102$，样本标准差为 $S = 15$，试求平均株高 μ 的置信水平为 0.95 的置信区间.

9. 某车间生产的钢丝的折断力 X 服从正态分布 $N(\mu, 3^2)$，现随机抽取一个容量为 12 的样本，测得其折断力的样本方差 $s^2 = 10.64$，试问：可否认为该车间生产的钢丝的折断力的总体方差 σ^2 为 9？（显著性水平 $\alpha = 0.05$）

概率统计(A)模拟试题二

一、填空题(本大题共 5 小题，每小题 3 分，总计 15 分)

1. 已知一批产品的次品率为 5%，今有一种简化的检验方法，检验时正品被误认为是次品的概率为 0.02，而次品被误认为是正品的概率为 0.04，现任取一产品，则此产品通过这种检验被认为是正品的概率为_____.

2. 已知连续型随机变量 X 的概率密度为 $f_X(x) = \begin{cases} 3x^2, & 0 < x < 1 \\ 0, & \text{其他} \end{cases}$，令 $Y = -2X + 1$，则 Y 的概率密度 $f_Y(y) =$ _____.

3. 设随机变量 X 与 Y 相互独立，且有
$$E(X) = 20, \quad E(Y) = 4, \quad D(X) = D(Y) = 1$$
则 $E[(X+Y)^2] =$ _____.

4. 设总体 X 服从参数为 λ 的泊松分布，其中 λ 未知，若 2, 3, 1, 2, 1 为来自该总体的样本观察值，则 λ 的矩估计值为_____.

5. 假设随机变量 X 分布未知，但已知 $E(X) = \mu$, $D(X) = \sigma^2$，则根据切比雪夫不等式，有 $P\{|X - \mu| < 3\sigma\} \geq$ _____.

二、选择题(本大题共 5 小题，每小题 3 分，总计 15 分)

1. 设 X_1, X_2 是来自总体 X 的容量为 2 的样本，则下列 $E(X) = \mu$ 的估计量中，最有效的估计量为( ).

(A) $\dfrac{2}{5}X_1 + \dfrac{2}{5}X_2$ (B) $\dfrac{1}{4}X_1 + \dfrac{3}{4}X_2$

(C) $\dfrac{1}{3}X_1 + \dfrac{1}{3}X_2$ (D) $\dfrac{1}{3}X_1 + \dfrac{2}{3}X_2$

2. 设 A, B 是两个互斥事件，$P(A) > 0$, $P(B) > 0$，则下列结论正确的是( ).

(A) $P(B|A) > 0$ (B) $P(A|B) = P(A)$

(C) $P(A|B) = P(B|A)$ (D) $P(AB) = P(A)P(B)$

3. 已知离散型随机变量 X 的可能值为 $x_1 = -1, x_2 = 0, x_3 = 1$，且 $E(X) = 0.1$, $D(X) = 0.89$，则对应于 x_1, x_2, x_3 的概率 p_1, p_2, p_3 为( ).

(A) $p_1 = 0.4, p_2 = 0.1, p_3 = 0.5$ (B) $p_1 = 0.1, p_2 = 0.1, p_3 = 0.5$

(C) $p_1 = 0.5, p_2 = 0.1, p_3 = 0.4$ (D) $p_1 = 0.4, p_2 = 0.5, p_3 = 0.5$

4. 设二维随机变量 (X, Y) 的联合分布函数为 $F(x, y)$，则下列结论正确的是( ).

(A) $F(+\infty, y) = 1$, $F(-\infty, y) = 0$
(B) $F(x, +\infty) = 1$, $F(-\infty, -\infty) = 0$
(C) $F(+\infty, +\infty) = 1$, $F(x, -\infty) = 0$
(D) $F(-\infty, y) = 0$, $F(+\infty, -\infty) = 1$

5. 随机变量 X 的概率密度为 $f(x) = \begin{cases} 4x^3, & 0 < x < 1 \\ 0, & \text{其他} \end{cases}$，若 $P\{X > a\} = P\{X < a\}$，则 $a = ($).

A. $\dfrac{1}{\sqrt[4]{2}}$
B. $\sqrt[4]{2}$
C. $\dfrac{1}{2}$
D. $1 - \dfrac{1}{\sqrt[4]{2}}$

三、计算题（本大题共 9 小题，除第 7 题 6 分外，其余每小题 8 分，总计 70 分）

1. 设随机变量 X 和 Y 的概率密度分别为

$$f_X(x) = \begin{cases} \dfrac{1}{3}, & 2 < x < 5 \\ 0, & \text{其他} \end{cases}, \quad f_Y(y) = \begin{cases} e^{-y}, & y > 0 \\ 0, & \text{其他} \end{cases}$$

已知 X 和 Y 相互独立，求随机变量 $Z = X + Y$ 的概率密度 $f_Z(z)$.

2. 设随机变量 X 的分布函数为

$$F(x) = \begin{cases} 0, & x < 0 \\ A\sin x, & 0 \leqslant x \leqslant \dfrac{\pi}{2} \\ 1, & x > \dfrac{\pi}{2} \end{cases}$$

求：(1) 常数 A；

(2) X 的概率密度 $f(x)$；

(3) $P\left(|X| < \dfrac{\pi}{6}\right)$.

3. 袋中装有 4 个球，包括 1 个红球、1 个白球、2 个黑球，从中任取两球，令 X 为两球中红球的数量，令 Y 为两球中白球的数量．

(1) 求随机变量 (X, Y) 的联合分布律和边缘分布律；

(2) 求 $Z = X + Y$ 的分布律；

(3) 求 $P\{X = Y\}$.

4. 一种投资组合包含 12 只不同类型的股票，每只股票的日回报率独立同分布，假设第 i 种股票的日回报率 X_i 服从区间 $(-0.2, 0.3)$ 上的均匀分布（单位：%），$i = 1, 2, \cdots, 12$. 利用中心极限定理计算此投资组合中 12 只股票的累计日回报率大于 2（单位：%）的概率．[结果用标准正态分布函数 $\Phi(x)$ 表示，计算过程中如需保留有效数字，则小数点后保留 3 位]

5. 设随机变量 (X, Y) 的概率密度为
$$f(x, y) = \begin{cases} 1, & |y| < x, \ 0 < x < 1 \\ 0, & \text{其他} \end{cases}$$

试：(1) 求 $E(X)$ 和 $\text{Cov}(X, Y)$；

(2) 判别 X 与 Y 是否不相关，并说明理由；

(3) 求 $P\{Y > X^2\}$.

6. 设总体 X 的概率密度为

$$f(x;\theta) = \begin{cases} \theta x^{-(\theta+1)}, & x > 1 \\ 0, & 其他 \end{cases}$$

其中，$\theta(\theta > 1)$ 是未知参数. 若 $X_1, X_2, \cdots, X_n$ 是来自总体 X 的简单随机样本，$x_1, x_2, \cdots, x_n$ 为样本值，求参数 θ 的最大似然估计量.

7. 设 $X_1, X_2, \cdots, X_n (n > 2)$ 是来自总体 $X \sim N(0, 1)$ 的简单随机样本，记 $\overline{X} = \frac{1}{n}\sum_{i=1}^{n} X_i$ 和 $Y_i = X_i - \overline{X} (i = 1, 2, \cdots, n)$. 求：

(1) $D(Y_i)$；

(2) $\mathrm{Cov}(Y_1, Y_n)$.

8、9题要求如下.

(1) 最终结果小数点后保留 3 位有效数字.

(2) 相关数据：$z_{0.025} = 1.96$，$z_{0.05} = 1.64$；$t_{0.025}(4) = 2.7764$，$t_{0.025}(5) = 2.5706$，$t_{0.05}(4) = 2.1318$，$t_{0.05}(5) = 2.0150$；$\chi^2_{0.975}(4) = 0.484$，$\chi^2_{0.975}(5) = 0.831$，$\chi^2_{0.025}(4) = 11.143$，$\chi^2_{0.025}(5) = 12.832$.

8. 为测试某仪器内部元件的电阻性能，在相同试验环境下独立进行 5 次测量，测得电阻(单位：Ω)分别为

$$99.8,\ 100.3,\ 100.1,\ 100.1,\ 100.0$$

设该元件的电阻 X 服从正态分布 $N(\mu,\ \sigma^2)$，求 σ^2 的置信水平为 0.95 的置信区间.

9. 设某种胶水的凝固时间 X（单位：s）服从正态分布 $N(120,\ 36)$，现调整技术工艺后，随机抽取 5 个样品，测其凝固时间分别为

$$103,\ 115,\ 117,\ 121,\ 114$$

设调整工艺后凝固时间的方差不变，问是否可以认为新工艺生产胶水的平均凝固时间 μ 仍为 120 s？（显著性水平 $\alpha = 0.05$）

概率统计（B）模拟试题一

一、填空题（本大题共 5 小题，每小题 3 分，总计 15 分）

1. 设 A, B 为相互独立随机事件，已知 $P(A \cup B) = 0.8$，$P(A) = 0.4$，则 $P(B) = $ _____．

2. 已知随机变量 X 的分布律为 $P\{X = k\} = ck (k = 1, 2, 3, 4)$，则 $c = $ _____．

3. 已知连续型随机变量 X 的概率密度为 $f_X(x) = \begin{cases} \dfrac{1}{4}, & -2 < x < 2 \\ 0, & \text{其他} \end{cases}$，令 $Y = 3X$，则 Y 的概率密度 $f_Y(y) = $ _____．

4. 设随机变量 X 与 Y 相互独立，且 $D(X) = 8$，$D(Y) = 4$，则 $D(2X - Y) = $ _____．

5. 已知 $E(X) = 3$，$D(X) = 1$，则根据切比雪夫不等式，有 $P\{1 < X < 5\} \geq $ _____．

二、选择题（本大题共 5 小题，每小题 3 分，总计 15 分）

1. 设 A, B 是两个随机事件，且 $P(AB) = 0$，则（　　）．
   (A) A 与 B 互斥
   (B) AB 是不可能事件
   (C) AB 未必是不可能事件
   (D) $P(A) = 0$ 或 $P(B) = 0$

2. 已知离散型随机变量 X 的分布函数为 $F(x) = \begin{cases} 0, & x < -1 \\ 0.4, & -1 \leq x < 1 \\ 0.8, & 1 \leq x < 3 \\ 1, & x \geq 3 \end{cases}$，则 $P\{X < 2\} = $ （　　）．
   (A) 0.2
   (B) 0.8
   (C) $\dfrac{2}{3}$
   (D) $\dfrac{1}{3}$

3. 设随机变量 X 和 Y 相互独立，且 $X \sim N(2, 9)$，$Y \sim N(0, 1)$，则下列结论正确的是（　　）．
   (A) $X + 2Y \sim N(2, 11)$
   (B) $X - Y \sim N(2, 8)$
   (C) $2X - Y \sim N(4, 37)$
   (D) $X - 2Y \sim N(2, 5)$

4. 若随机变量 X 的数学期望 $E(X)$ 存在，则 $E\{E[E(X)]\} = $ （　　）．
   (A) 0
   (B) X
   (C) $E(X)$
   (D) $[E(X)]^3$

5. 设总体 $X \sim N(\mu, \sigma^2)$，其中 μ 未知，X_1, X_2, X_3 为来自总体 X 的简单随机样本，则

以下 μ 的 4 个估计：$\hat{\mu}_1 = \frac{1}{3}X_1 + \frac{2}{3}X_3$，$\hat{\mu}_2 = \frac{1}{6}X_1 + \frac{1}{6}X_2 + \frac{1}{6}X_3$，$\hat{\mu}_3 = \frac{1}{2}X_1 + \frac{1}{3}X_2 + \frac{1}{4}X_3$，
$\hat{\mu}_4 = \frac{1}{3}X_1 + \frac{1}{3}X_2$ 中，（　　）是 μ 的无偏估计量．

(A) $\hat{\mu}_1$　　　　　　　　　　　(B) $\hat{\mu}_2$

(C) $\hat{\mu}_3$　　　　　　　　　　　(D) $\hat{\mu}_4$

三、计算题（本大题共 8 小题，1、2、3、4 小题 10 分，5 小题 6 分，6、7、8 小题 8 分，共计 70 分）

1. 设随机变量 X 的概率密度为

$$f(x) = \begin{cases} Ax^4, & 0 \leq x \leq 1 \\ 0, & \text{其他} \end{cases}$$

求：(1) 常数 A；

(2) X 的分布函数；

(3) $P\{-3 < X \leq 0.5\}$．

2. 设二维离散型随机变量(X, Y)的联合分布律如下表所示.

Y	X		
	-1	0	1
0	0.3	0.2	0.1
1	0.1	0.2	0.1

(1) 求(X, Y)关于X和Y的边缘分布律;

(2) 判断X与Y是否独立,并说明理由;

(3) 求$P\{X < Y\}$.

3. 有3个外形完全相同的袋子,在第一个袋子中装有2个白球和1个红球;在第二个袋子中装有3个白球和1个红球,在第三个袋子中装有2个白球和2个红球. 先随机地挑选一个袋子,再从该袋子中任意摸取一球,求取到的这个球为白球的概率.

4. 设 (X, Y) 服从区域 $D = \{(x, y) \mid 0 < x < 1, 0 < y < 1\}$ 上的均匀分布, 求 X 与 Y 的相关系数 ρ_{XY}.

5. 设总体 $X \sim B(5, 0.2)$, $X_1, X_2, \cdots, X_{12}$ 是来自总体 X 的简单随机样本, 求 $E(\bar{X})$, $D(\bar{X})$ 和 $E(S^2)$.

6. 设总体 X 的分布律如下表所示.

X	1	2	3
P	θ	θ	$1-2\theta$

其中, $\theta\left(0 < \theta < \dfrac{1}{2}\right)$ 是未知参数. 已知取得样本观察值为

$$1,\ 1,\ 1,\ 3,\ 2,\ 1,\ 3,\ 2,\ 2,\ 1,\ 2,\ 2,\ 3,\ 1$$

求 θ 的最大似然估计值.

7、8 题要求如下.

(1) 最终结果小数点后保留 3 位有效数字.

(2) 相关数据: $z_{0.05} = 1.64$, $z_{0.1} = 1.28$; $t_{0.05}(4) = 2.131\,8$, $t_{0.05}(5) = 2.015$, $t_{0.1}(4) = 1.533\,2$, $t_{0.1}(5) = 1.475\,9$; $\chi^2_{0.99}(25) = 11.524$, $\chi^2_{0.99}(26) = 12.198$, $\chi^2_{0.01}(25) = 44.314$, $\chi^2_{0.01}(26) = 45.642$.

7. 某厂随机选取的 5 只部件的装配时间（单位：min）分别为
$$21.4, 21.0, 21.3, 21.5, 21.2$$
设装配时间的总体 X 服从正态分布 $N(\mu, \sigma^2)$，其中 σ^2 未知，试求 μ 的置信水平为 0.9 的置信区间.

8. 某品牌电池的寿命 X（单位：h）服从正态分布 $N(\mu, 5\,000^2)$，现有一批这种电池，从它生产的情况看，寿命的波动性有所变化，现随机抽取 26 只电池，测出其寿命的样本方差 $s^2 = 9\,200(h^2)$，问根据这一数据能否推断这批电池寿命的波动性 σ^2 较以往有显著变化？（显著性水平 $\alpha = 0.02$）

概率统计（B）模拟试题二

一、填空题（本大题共 5 小题，每小题 3 分，总计 15 分）

1. 已知 $P(A) = 0.4$，$P(B) = 0.3$，$P(A \cup B) = 0.6$，则 $P(\overline{A}B) =$ _____.

2. 已知随机变量 X 只能取 -1，0，1，2 这 4 个数值，其相应的概率依次为 $\dfrac{1}{2c}$，$\dfrac{3}{4c}$，$\dfrac{3}{8c}$，$\dfrac{1}{8c}$，则 $c =$ _____.

3. 已知连续型随机变量 X 的概率密度为 $f_X(x) = \begin{cases} 8x, & 0 < x < 2 \\ 0, & \text{其他} \end{cases}$，令 $Y = 3X + 1$，则 Y 的概率密度 $f_Y(y) =$ _____.

4. 设随机变量 X 服从参数为 θ 的指数分布，且已知 $E(X) = 6D(X)$，则 $\theta =$ _____.

5. 设 X_1，X_2，$\cdots$，X_n 是来自总体 X 的简单随机样本，$\overline{X}$ 为样本均值，总体 X 服从区间 $(0, \theta)$ 上的均匀分布，$\theta > 0$，则未知参数 θ 的矩估计量为 _____.

二、选择题（本大题共 5 小题，每小题 3 分，总计 15 分）

1. 随机事件 A，B 相互独立的充要条件为（　　）.

(A) $A \cup B = S$　　　　　　　　(B) $P(AB) = P(A)P(B)$

(C) $AB = \varnothing$　　　　　　　　(D) $P(A \cup B) = P(A) + P(B)$

2. 已知连续型随机变量 X 的分布函数为 $F(x) = \begin{cases} A - e^{-2x}, & x > 0 \\ 0, & x \leq 0 \end{cases}$，则 A 的值为（　　）.

(A) -1　　　　　　　　　　　　(B) $\dfrac{1}{2}$

(C) 1　　　　　　　　　　　　　(D) -2

3. 设二维离散型随机变量 (X, Y) 的联合分布律如下表所示.

Y	X 0	X 1
0	0.2	0.2
1	α	β

且 X 与 Y 相互独立，则下列结论正确的是（　　）.

(A) $\alpha = 0.1$, $\beta = 0.5$ (B) $\alpha = 0.3$, $\beta = 0.3$
(C) $\alpha = 0.2$, $\beta = 0.4$ (D) $\alpha = 0.4$, $\beta = 0.2$

4. 设总体 $X \sim N(\mu, 2)$，其中 μ 未知，X_1，X_2，X_3 是来自总体 X 的简单随机样本，则下列 μ 的无偏估计量中，最有效的估计量为(　　).

(A) $\dfrac{1}{2}X_1 + \dfrac{1}{4}X_2 + \dfrac{1}{4}X_3$ (B) $\dfrac{1}{3}X_1 + \dfrac{1}{3}X_2 + \dfrac{1}{3}X_3$

(C) $\dfrac{1}{6}X_1 + \dfrac{1}{2}X_2 + \dfrac{1}{3}X_3$ (D) X_2

5. 设总体 $X \sim B(8, p)$，X_1，X_2，$\cdots$，X_n 是来自总体 X 的简单随机样本，S^2 是样本方差，则 $E(S^2) = ($　　$)$.

(A) $8p$ (B) $p(1-p)$
(C) $16p$ (D) $8p(1-p)$

三、计算题（本大题共 8 小题，1、2、3、4 小题 10 分，5 小题 6 分，6、7、8 小题 8 分，共计 70 分）

1. 设随机变量 X 的分布函数为

$$F(x) = \begin{cases} 0, & x < -1 \\ 0.4, & -1 \leq x < 2 \\ 0.5, & 2 \leq x < 3 \\ 1, & x \geq 3 \end{cases}$$

求：(1) X 的分布律；

(2) $P\{-3 < X < 3\}$.

2. 设二维随机变量(X, Y)的联合概率密度为
$$f(x, y) = \begin{cases} \dfrac{3}{8}, & 0 < x < 2, 0 < y < x^2 \\ 0, & 其他 \end{cases}$$
(1) 求边缘概率密度$f_X(x)$和$f_Y(y)$；
(2) 判断X与Y是否相互独立，并说明理由.

3. 某制药厂有3个制药车间生产同一种药品的片剂，其中有50%的片剂由第一车间生产，有25%的片剂由第二车间生产，另外25%的片剂由第三车间生产. 已知第一、第二车间生产的产品中有2%的次品，第三车间生产的产品中有4%的次品，如果任意从中抽取一份产品，其为次品的概率是多少？

4. 箱子中装有 6 个球，其中红、白、黑球个数分别为 1，2，3，现在从箱子中随机取出两球，记 X 为取出的红球个数，Y 为取出的白球个数．求：

（1）X 和 Y 的联合分布律；

（2）$\text{Cov}(X, Y)$．

5. 已知正常成年男性血液中，每 1 mL 血液的白细胞数平均为 7 300，方差是 490 000．利用切比雪夫不等式，估计每 1 mL 血液的白细胞数在 5 200~9 400 之间的概率．

6. 设总体 X 的概率密度为

$$f(x;\lambda) = \begin{cases} \lambda^2 x e^{-\lambda x}, & x > 0 \\ 0, & 其他 \end{cases}$$

其中，$\lambda(\lambda > 0)$ 是未知参数. 若 X_1，X_2，…，X_n 是来自总体 X 的简单随机样本，求参数 λ 的最大似然估计量.

7、8 题要求如下.

(1) 最终结果小数点后保留 3 位.

(2) 相关数据：$z_{0.025} = 1.96$，$z_{0.05} = 1.64$，$z_{0.1} = 1.28$；$t_{0.05}(15) = 1.7531$，$t_{0.05}(16) = 1.7459$，$t_{0.1}(15) = 1.3406$，$t_{0.1}(16) = 1.3368$，$t_{0.025}(4) = 2.7764$，$t_{0.025}(5) = 2.5706$，$t_{0.05}(4) = 2.1318$，$t_{0.05}(5) = 2.0150$.

7. 在一个建筑工程的材料检验环节，施工方对新采购的一批用于固定结构的螺钉质量进行评估．从一批螺钉中随机抽取 16 枚测其长度（单位：cm），测出的样本均值为 $\bar{x} =$ 2.13，假设螺钉长度 X 服从正态分布 $N(\mu, 0.01^2)$，试求 μ 的置信水平为 0.9 的置信区间．

8. 设某冻肉切片机切割肉的厚度 X（单位：mm）服从正态分布 $N(\mu, \sigma^2)$，在正常工作时切割肉的平均厚度为 1.72，开机后随机抽取 5 片进行测量，结果分别为
$$1.82, \ 1.65, \ 1.87, \ 1.74, \ 1.68$$
如果估计方差没有变化，试问该机器工作是否正常？（显著性水平 $\alpha = 0.05$）

概率统计（C）模拟试题一

一、填空题(本大题共 5 小题，每小题 3 分，总计 15 分)

1. 设 A，B 为随机事件，已知 $P(A) = 0.7$，$P(A - B) = 0.3$，则 $P(\overline{AB}) = $ _____.

2. 设随机变量 $X \sim N(5, 2^2)$，且 $P\{X > c\} = P\{X < c\}$，则 $c = $ _____.

3. 设随机变量 X 的概率密度为 $f_X(x) = \begin{cases} 6x(1-x), & 0 < x < 1 \\ 0, & \text{其他} \end{cases}$，则 $Y = -3X + 1$ 的概率密度 $f_Y(y) = $ _____.

4. 设随机变量 X 与 Y 相互独立，且 $D(X) = 8$，$D(Y) = 4$，则 $D(2X - Y) = $ _____.

5. 设随机变量 $X \sim B(10, 0.2)$，则根据切比雪夫不等式，有 $P\{|X - 2| \geq 4\} \leq$ _____.

二、选择题(本大题共 5 小题，每小题 3 分，总计 15 分)

1. 设事件 A 与 B 互不相容，且 $P(A) > 0$，$P(B) > 0$，则有( ).
   (A) $P(AB) = P(A)P(B)$ (B) $P(A) = 1 - P(B)$
   (C) $P(A \cup B) = 1$ (D) $P(\overline{AB}) = 1$

2. 设一射手每次击中目标的概率为 p，现对同一目标进行若干次独立射击，直到命中目标 5 次为止，则射手共射击了 10 次的概率为( ).
   (A) $C_{10}^5 p^5 (1-p)^5$ (B) $C_9^4 p^5 (1-p)^5$
   (C) $C_{10}^4 p^4 (1-p)^5$ (D) $C_9^4 p^4 (1-p)^5$

3. 设随机变量 X 和 Y 相互独立，且 $X \sim N(2, 9)$，$Y \sim N(0, 1)$，则下列结论正确的是( ).
   (A) $X + 2Y \sim N(2, 11)$ (B) $X - Y \sim N(2, 8)$
   (C) $2X - Y \sim N(4, 37)$ (D) $X - 2Y \sim N(2, 5)$

4. 已知随机变量 X 的分布律为 $P\{X = k\} = ck$，$k = 1, 2, 3$，则 c 为( ).
   (A) $\dfrac{1}{4}$ (B) $\dfrac{1}{6}$
   (C) $\dfrac{1}{3}$ (D) $\dfrac{1}{2}$

5. 如果随机变量 X 与 Y 满足 $D(X + Y) = D(X - Y)$，则必有( ).
   (A) X 与 Y 独立   (B) X 与 Y 不相关
   (C) $D(Y) = 0$ (D) $D(XY) = 0$

三、计算题（本大题共 8 小题，1、6、7 小题 8 分，2、3 小题 7 分，4、5 小题 10 分，8 小题 12 分，共计 70 分）

1. 某仓库有同样规格的产品 6 箱，其中甲厂生产 3 箱，乙厂生产 2 箱，丙厂生产 1 箱，且它们的次品率依次为 $\frac{1}{10}, \frac{1}{15}, \frac{1}{20}$，现从中任意抽取一件产品，求取到的这件产品是次品的概率．

2. 设随机变量 X 在 $[2, 5]$ 上服从均匀分布，现对 X 进行三次独立观察，试求至少有两次观察值大于 3 的概率．

3. 设随机变量 X 的分布函数为

$$F(x) = \begin{cases} 0, & x < -2 \\ 0.2, & -2 \leq x < 1 \\ 0.7, & 1 \leq x < 3 \\ 1, & x \geq 3 \end{cases}$$

求：(1) X 的分布律；

(2) $P(-2 < X \leq 2)$.

4. 已知随机变量 X 的概率密度为

$$f(x) = \begin{cases} kx^2, & -1 \leq x \leq 1 \\ 0, & 其他 \end{cases}$$

求：(1) 参数 k；

(2) X 的分布函数 $F(x)$；

(3) $P(-0.5 < X < 0.5)$.

5. 设二维离散型随机变量(X, Y)的联合分布律如下表所示.

Y	X		
	-1	0	1
-1	$\frac{1}{15}$	a	$\frac{1}{5}$
1	b	$\frac{1}{5}$	$\frac{3}{10}$

且 X 与 Y 相互独立，求：

(1) a 和 b；

(2) $Z = Y - X$ 的分布律；

(3) $E(XY)$.

6. 设二维随机变量(X, Y)的联合概率密度为
$$f(x, y) = \begin{cases} x^2 + \frac{1}{3}xy, & 0 \leqslant x \leqslant 1, \ 0 \leqslant y \leqslant 2 \\ 0, & \text{其他} \end{cases}$$

(1) 求边缘概率密度 $f_X(x)$ 与 $f_Y(y)$；

(2) 判断 X 与 Y 是否相互独立，并说明理由.

7. 设随机变量 X 和 Y 的概率密度分别为

$$f_X(x) = \begin{cases} e^{-x}, & x > 0 \\ 0, & \text{其他} \end{cases}, \quad f_Y(y) = \begin{cases} 2, & 0 \leq y \leq \dfrac{1}{2} \\ 0, & \text{其他} \end{cases}$$

已知 X 和 Y 相互独立，求随机变量 $Z = X + Y$ 的概率密度 $f_Z(z)$.

8. 设二维连续型随机变量 (X, Y) 的联合概率密度为 $f(x, y) = \begin{cases} 3x, & 0 \leq y \leq x \leq 1 \\ 0, & \text{其他} \end{cases}$，求 ρ_{XY}.

概率统计（C）模拟试题二

一、填空题（本大题共 5 小题，每小题 3 分，总计 15 分）

1. 已知 $P(A) = 0.5$，$P(B) = 0.7$，$P(B|A) = 0.8$，则 $P(A \cup B) = $ _____．

2. 设随机变量 X 的概率密度为 $f_X(x) = \begin{cases} 3x^2, & 0 < x < 1 \\ 0, & \text{其他} \end{cases}$，令 $Y = -3X + 1$，则 Y 的概率密度为_____．

3. 已知随机变量 $X \sim N(-1, 1)$，$Y \sim N(1, 1)$，且 X，Y 相互独立，则 $X + Y \sim$ _____．

4. 设 X，Y 是两个随机变量，已知 $\rho_{XY} = 0.6$，则 $\rho_{0.5X, Y+1} = $ _____．

5. 设 X 为一随机变量，且 $E(X) = \mu$，$D(X) = \sigma^2$，则根据切比雪夫不等式，有 $P\{|X - \mu| \geq 3\sigma\} \leq$ _____．

二、选择题（本大题共 5 小题，每小题 3 分，总计 15 分）

1. 袋中有 5 个小球，包括 2 个白球和 3 个黄球，从中任取两球，则两球同色的概率为（　　）．

(A) $\dfrac{2}{5}$ (B) $\dfrac{3}{5}$

(C) $\dfrac{4}{5}$ (D) $\dfrac{1}{2}$

2. 如果随机变量 $X \sim B\left(10, \dfrac{1}{3}\right)$，则 $\dfrac{D(X)}{E(X)} = ($ 　　)．

(A) 1   (B) $\dfrac{1}{3}$

(C) $\dfrac{2}{9}$ (D) $\dfrac{2}{3}$

3. 设随机变量 X 的分布函数为 $F(x)$，则下列结论正确的是（　　）

(A) $F(+\infty) = -1$ (B) $F(+\infty) = 0$

(C) $F(-\infty) = 0$ (D) $F(-\infty) = 1$

4. 设随机变量 X 的概率密度为

$$f(x) = \dfrac{1}{2\sqrt{\pi}} e^{\dfrac{(x+5)^2}{4}} \quad (-\infty < x < +\infty)$$

则 $Y = ($ $) \sim N(0, 1)$.

(A) $\dfrac{X-5}{\sqrt{2}}$ (B) $\dfrac{X+5}{\sqrt{2}}$

(C) $\dfrac{X+5}{2}$ (D) $\dfrac{X-5}{2}$

5. 设随机变量 X 和 Y 相互独立且同分布，$D(X) \neq 0$，则下列式子不成立的是（   ）

(A) $E(2X - 2Y) = 0$ (B) $E(2X + 2Y) = 4E(X)$

(C) $D(2X - 2Y) = 0$ (D) X 与 Y 不相关

三、计算题(本大题共 **8** 小题，**1**、**6**、**7** 小题 **8** 分，**2**、**3** 小题 **7** 分，**4**、**5** 小题 **10** 分，**8** 小题 **12** 分，总计 **70** 分)

1. 加工某种零件，如生产情况正常，则次品率为 3%，如生产情况不正常，则次品率为 20%。按以往经验，生产情况正常的概率为 0.8，现任取一只零件，求它是次品的概率．

2. 设随机变量 X 在 $[2, 6]$ 上服从均匀分布，现对 X 进行三次独立观察，试求至少有两次观察值大于 3 的概率．

3. 设随机变量 X 的分布函数为

$$F(x) = \begin{cases} 0, & x < -1 \\ 0.2, & -1 \leq x < 1 \\ 0.9, & 1 \leq x < 5 \\ 1, & x \geq 5 \end{cases}$$

请写出 X 的分布律，并求 $P\{0 < X \leq 2\}$.

4. 已知随机变量 X 的概率密度为

$$f(x) = \begin{cases} A\sin x, & x \in [0, \pi] \\ 0, & 其他 \end{cases}$$

求：(1) 常数 A；
(2) 分布函数 $F(x)$；
(3) $P\left\{\dfrac{\pi}{2} < X < \dfrac{3\pi}{4}\right\}$.

5. 设二维随机变量(X, Y)的联合分布律如下表所示.

Y	X	
	0	1
−1	0.1	0.3
0	0.2	0.1
1	0.1	0.2

求：(1) $\text{Cov}(X, Y)$；

(2) $Z = X^2 + Y^2$ 的分布律.

6. 设二维连续型随机变量(X, Y)的联合概率密度为
$$f(x, y) = \begin{cases} e^{-y}, & 0 \leq x \leq 1, y > 0 \\ 0, & \text{其他} \end{cases}$$
试求边缘概率密度$f_X(x)$和$f_Y(y)$，判断X与Y是否独立，并说明理由.

7. 如果随机变量 X 服从 $[0, 1]$ 上的均匀分布，Y 服从 $[1, 2]$ 上的均匀分布，已知 X 和 Y 相互独立，求随机变量 $Z = X + Y$ 的概率密度 $f_Z(z)$.

8. 设随机变量 (X, Y) 的概率密度为
$$f(x, y) = \begin{cases} 12y^2, & 0 \leqslant y \leqslant x \leqslant 1 \\ 0, & 其他 \end{cases}$$
求方差 $D(X)$、$D(Y)$，协方差 $\text{Cov}(X, Y)$ 以及相关系数 ρ_{XY}.

参 考 文 献

[1] 茆诗松，程依明，濮晓龙. 概率论与数理统计教程[M]. 3版. 北京：高等教育出版社，2019.
[2] 魏宗舒. 概率论与数理统计教程[M]. 3版. 北京：高等教育出版社，2020.
[3] 陈希孺. 概率论与数理统计[M]. 合肥：中国科学技术大学出版社，2009.
[4] 盛骤，谢式千，潘承毅. 概率论与数理统计[M]. 5版. 北京：高等教育出版社，2019.
[5] 王松桂，张忠占，程维虎，等. 概率论与数理统计[M]. 2版. 北京：科学出版社，2004.
[6] 吴赣昌. 概率论与数理统计：理工类[M]. 5版. 北京：中国人民大学出版社，2017.